全民阅读·经典小丛书

庄子

[战国] 庄子 ◎ 著　冯慧娟 ◎ 编

吉林出版集团股份有限公司

版权所有　侵权必究

图书在版编目（CIP）数据

庄子 /（战国）庄子著；冯慧娟编. — 长春：吉林出版集团股份有限公司，2015.6（2025.5重印）
（全民阅读. 经典小丛书）
ISBN 978-7-5534-7560-8

Ⅰ.①庄… Ⅱ.①庄…②冯… Ⅲ.①道家②《庄子》－通俗读物 Ⅳ.①B223.5-49

中国版本图书馆 CIP 数据核字 (2015) 第 119896 号

ZHUANGZI

庄子

[战国] 庄子　著　冯慧娟　编

出版策划：崔文辉
选题策划：冯子龙
责任编辑：徐巧智
排　　版：新华智品
出　　版：吉林出版集团股份有限公司
　　　　　（长春市福祉大路 5788 号，邮政编码：130118）
发　　行：吉林出版集团译文图书经营有限公司
　　　　　（http://shop34896900.taobao.com）
电　　话：总编办 0431-81629909　　营销部 0431-81629880 / 81629881
印　　刷：北京一鑫印务有限责任公司
开　　本：640mm × 940mm 1/16
印　　张：10
字　　数：130 千字
版　　次：2015 年 7 月第 1 版
印　　次：2025 年 5 月第 5 次印刷
书　　号：ISBN 978-7-5534-7560-8
定　　价：45.00 元

印装错误请与承印厂联系　　电话：010-61424266

前言

庄子（约前369—前286年），名周，字子休（一说子沐），战国时代宋国蒙（今安徽省蒙城县）人，道家学派的代表人物，中国古代著名思想家、哲学家、文学家。

庄子是老子哲学思想的继承者和发扬者，先秦庄子学派的创始人。他的学说涵盖了当时社会生活的方方面面，但根本精神还是归依于老子的哲学。因此，后世将他与老子并称为"老庄"。

庄子一生著书十余万言，书名《庄子》。这部文献的出现，标志着在战国时代，我国的哲学思想和文学语言，已经发展到非常玄远、高深的水平，是我国古代典籍中的瑰宝。

《庄子》现存33段，分成三篇。内篇为庄子所著，最集中表现庄子哲学思想的是《齐物论》《逍遥游》等。而外篇、杂篇尚未定论，很可能已经掺杂了庄子门徒和后世学者的作品。

本书精选《庄子》中堪称庄子思想代表作的九段文章，并附上通俗译文，以方便读者参悟。

目录

内篇 ························· 〇〇五
逍遥游·························· 〇〇六
齐物论·························· 〇一七
养生主·························· 〇四一

外篇 ························· 〇四七
胠箧···························· 〇四八
秋水···························· 〇五七
达生···························· 〇七八
知北游·························· 〇九七

杂篇 ························· 一二一
盗跖···························· 一二二
渔父···························· 一四五

内篇

逍遥游

题解

　　"逍遥"也写作"消摇",意思是优游自得的样子;"逍遥游"就是没有任何束缚地、自由自在地活动。

　　本篇是《庄子》的代表篇目之一,充满奇特的想象和浪漫的色彩,寓说理于寓言和生动的比喻中,形成独特的风格。"逍遥游"也是庄子哲学思想的一个重要方面。全篇一再阐述无所依凭的主张,追求精神世界的绝对自由。在庄子的眼里,客观世界中的一事一物,包括人类本身都是对立而又相互依存的,这就没有绝对的自由,要想无所依凭就得无己。因而他希望一切顺乎自然,超脱于现实;否定人在社会生活中的一切作用,把人类的生活与万物的生存混为一体;提倡不滞于物,追求无条件的精神自由。

【本经】

　　北冥有鱼，其名曰鲲。鲲之大，不知其几千里也；化而为鸟，其名为鹏。鹏之背，不知其几千里也；怒而飞，其翼若垂天之云。是鸟也，海运则将徙于南冥。南冥者，天池也。《齐谐》者，志怪者也。《谐》之言曰："鹏之徙于南冥也，水击三千里，抟扶摇而上者九万里，去以六月息者也。"野马也，尘埃也，生物之以息相吹也。天之苍苍，其正色邪？其远而无所至极邪？其视下也，亦若是则已矣。

【译文】

　　北方的大海里有一条鱼，它的名字叫作鲲。鲲的体长，真不知道有几千里；变化成为鸟，它的名字就叫鹏。鹏的脊背，真不知道长到几千里；当它奋起而飞的时候，那展开的双翅就像天边的云。这只鹏鸟呀，随着海上汹涌的波涛迁徙到南方的大海。南方的大海是个天然的大池。《齐谐》是一部专门记载怪异事情的书。这本书上记载说："鹏鸟迁徙到南方的大海，翅膀拍击水面激起三千里的波涛，海面上急骤的狂风盘旋而上直冲九万里高空，它是乘着六月的大风而去的。"春日林泽原野上蒸腾浮动犹如奔马的雾气，低空里沸沸扬扬的尘埃，都是大自然里各种生物的气息吹拂所致。天空是那么湛蓝湛蓝的，难道这就是它真正的颜色吗？抑或是高旷辽远没法看到它的尽头呢？鹏鸟在高空往下看，不过也就像这个样子罢了。

鲲鹏展翅

【本经】

　　且夫水之积也不厚，则其负大舟也无力。覆杯水于坳堂之上，则芥为之舟；置杯焉则胶，水浅而舟大也。风之积也不厚，则其负大翼也无力，故九万里则风斯在下矣。而后乃今培风，背负青天而莫之夭阏者，而后乃今将图南。蜩与学鸠笑之曰："我决起而飞，抢榆枋，时则不至，而控于地而已矣；奚以之九万里而南为？"适莽苍者，三餐而反，腹犹果然；适百里者，宿舂粮；适千里者，三月聚粮。之二虫又何知？小知不及大知，小年不及大年。奚以知其然也？朝菌不知晦朔，蟪蛄不知春秋，此小年也。楚之南有冥灵者，以五百岁为春，五百岁为秋；上古有大椿者，以八千岁为春，八千岁为秋，此大年也。而彭祖乃今以久特闻，众人匹之，不亦悲乎？

【译文】

　　再说水汇积不深，它浮载大船就没有力量。倒杯水在厅堂的低洼处，那么小小的芥草也可以当船；而放入杯子就胶着不动了，因为水太浅而船太大了。风聚积的力量不雄厚，它托负巨大的翅膀便力量不够。所以，鹏鸟高飞九万里，狂风就在它的身下，然后才凭借风力飞行，背负青天而没有什么力量能够阻遏它了，然后才像现在这样飞到南方去。寒蝉与小灰雀讥笑它说："我从地面急速起飞，碰着榆树和檀树的树枝，常常飞不上去而落在地上，为什么要到九万里的高空而向南飞呢？"到迷茫的郊野去，带上三餐就可以往返，肚子还是饱饱的；到百里之外去，要用一整夜时间准备干粮；到千里之外去，三个月以前就要准备粮食。寒蝉和灰雀这两个小东西懂得什么？小聪明赶不上大智慧，

寿命短比不上寿命长。怎么知道是这样的呢？清晨的菌类不会懂得什么是晦朔，寒蝉也不会懂得什么是春秋，这就是短寿。楚国南边有叫冥灵的大龟，它把五百年当作春，把五百年当作秋；上古有叫大椿的古树，它把八千年当作春，把八千年当作秋，这就是长寿。可是彭祖到如今还是以长寿而闻名于世，人们与他攀比，岂不可悲可叹吗？

【本经】

汤之问棘也是已："穷发之北有冥海者，天池也。有鱼焉，其广数千里，未有知其修者，其名为鲲。有鸟焉，其名为鹏，背若太山，翼若垂天之云；抟扶摇羊角而上者九万里，绝云气，负青天，然后图南，且适南冥也。斥鴳笑之曰：'彼且奚适也？我腾跃而上，不过数仞而下，翱翔蓬蒿之间，此亦飞之至也。而彼且奚适也？'"此小大之辩也。

【译文】

商汤询问棘的话是这样的："在那草木不生的北方，有一个很深的大海，那就是'天池'。那里有一种鱼，它的脊背有好几千里宽，没有人能够知道它有多长，它的名字叫作鲲。有一种鸟，它的名字叫鹏，它的脊背像座大山，展开双翅就像天边的云；鹏鸟奋起而飞，翅膀拍击急速旋转向上的气流直冲九万里高空，穿过云气，背负青天，这才向南飞去，打算飞到南方的大海。斥鴳讥笑它说：'它打算飞到哪儿去？我奋力跳起来往上飞，不过几丈高就落了下来，盘旋于蓬蒿丛中，这也是我飞翔的极限了。而它打算飞到什么地方去呢？'"这就是小与大的不同了。

【本经】

故夫知效一官、行比一乡、德合一君而征一国者，其自视也亦若此矣。而宋荣子犹然笑之。且举世而誉之而不加劝，举世而非之而不加沮，定乎内外之分，辩乎荣辱之境，斯已矣。彼其于世，未数数然也。虽然，犹有未树也。夫列子御风而行，泠然善也，旬有五日而后反。彼于致福者，未数数然也。此虽免乎行，犹有所待者也。若夫乘天地之正，而御六气之辩，以游无穷者，彼且恶乎待哉？故曰：至人无己，神人无功，圣人无名。

【译文】

所以，那些才智足以胜任一个官职，品行合乎一乡人心愿，道德能使国君感到满意、能力足以取信一国之人的人，他们看待自己也像是这样哩。而宋荣子却讥笑他们。世上的人们都赞誉他，他不会因此越发努力；世上的人们都非难他，他也不会因此而更加沮丧。他清楚地划定自身与物外的区别，辨别荣誉与耻辱的界限，不过如此而已呀！宋荣子他对于整个社会，从来不急急忙忙地去追求什么。虽然如此，他还是未能达到最高的境界。列子能驾风行走，那样子实在轻盈美好，而且十五天后方才返回。列子对于寻求幸福，从来没有急急忙忙的样子。他这样做虽然免除了行走的劳苦，可还是有所依凭呀。至于遵循宇宙万物的规律，把握"六气"的变化，遨游于无穷无尽的世界，他还仰赖什么呢！因此说，道德修养高尚的"至人"能够达到忘我的世界，精神世界完全超脱物外的"神人"心目中没有功名和事业，思想修养臻于完美的"圣人"从不去追求名誉和地位。

【本经】

尧让天下于许由，曰："日月出矣，而爝火不息；其于光也，不亦难乎？时雨降矣，而犹浸灌；其于泽也，不亦劳乎？夫子立而天下治，而我犹尸之；吾自视缺然，请致天下。"许由曰："子治天下，天下既已治也；而我犹代子，吾将为名乎？名者，实之宾也，吾将为宾乎？鹪鹩巢于深林，不过一枝；偃鼠饮河，不过满腹。归休乎君，予无所用天下为！庖人虽不治庖，尸祝不越樽俎而代之矣！"

【译文】

尧打算把天下让给许由，说："太阳和月亮都已升起来了，可是小小的火炬还在燃烧不熄；它要跟太阳和月亮的光亮相比，不是很难吗？季雨及时降落了，可是还在不停地浇水灌地；对于整个大地的润泽，如此费力的人工灌溉不显得徒劳吗？先生如能居于国君之位，天下一定会获得大治，可是我还空居其位；我自己越看越觉得能力不够，请允许我把天下交给你。"许由回答说："你治理天下，天下已经获得了大治，而我却还要去替代你，我是为了名声吗？'名'是'实'所派生出来的次要东西，我将去追求这次要的东西吗？鹪鹩在森林中筑巢，不过占用一根树枝；鼹鼠到大河边饮水，不过喝饱肚子。你还是打消念头回去吧，天下对于我来说没有什么用处啊！厨师即使不下厨，祭祀主持人也不会越俎代庖的！"

【本经】

肩吾问于连叔曰："吾闻言于接舆，大而无当，往而不返。吾惊怖其言，犹河汉而无极也；大有径庭，不近人情焉。"连叔曰："其言谓何哉？"曰："藐姑射之山，有神人居焉。肌肤若冰雪，绰约若处子，不食五谷，吸风饮露，乘云气，御飞龙，而游乎四海之外；其神凝，使物不疵疠而年谷熟。吾以是狂而不信也。"

连叔曰："然。瞽者无以与乎文章之观，聋者无以与乎钟鼓之声。岂唯形骸有聋盲哉？夫知亦有之！是其言也，犹时女也。之人也，之德也，将旁礴万物以为一，世蕲乎乱，孰弊弊焉以天下为事！之人也，物莫之伤，大浸稽天而不溺，大旱金石流，土山焦而不热。是其尘垢秕糠将犹陶铸尧舜者也，孰肯以物为事？"

（清）翡翠采花仙女

[译文]

肩吾向连叔求教："我从接舆那里听到谈话，大话连篇，不着边际，一说下去就回不到原来的话题上。我十分惊恐他的言谈，就好像天上的银河没有边际，跟一般人的言谈差异甚远，确实是太不近情理了。"连叔问："他说的是些什么呢？"肩吾转述道："在遥远的姑射山上，住着一位神人，皮肤润白像冰雪，体态柔美如处女，不食五谷，吸清风饮甘露，乘云气驾飞龙，遨游于四海之外。他的神情那么专注，使得世间万物不受病害侵扰，年年五谷丰登。我认为这全是虚妄之言，一点也不可信。"连叔听后说："是呀！对于瞎子，没法同他们欣赏花纹和色彩；对于聋子，没法同他们聆听钟鼓的乐声。难道只是形骸上有聋与瞎吗？思想上也有聋和瞎啊！这话似乎就是说你肩吾的呀。那位神人，他的德行，与万事万物混同一起，以此求得整个天下的治理，谁还会忙忙碌碌把管理天下当回事！那样的人呀，外物没有什么能伤害他，滔天的大水不能淹没他，天下大旱使金石熔化、土山焦裂，他也不感到灼热。他所留下的尘埃以及瘪谷糠麸之类的废物，也可造就出尧舜那样的圣贤人君来，他怎么会把忙着管理万物当作己任呢！"

【本经】

宋人资章甫而适诸越，越人断发文身，无所用之。尧治天下之民，平海内之政，往见四子藐姑射之山，汾水之阳，窅然丧其天下焉。

【译文】

北方的宋国有人贩卖帽子到南方的越国，越国人不蓄头发满身刺着花纹，帽子根本用不上。尧治理好天下的百姓，安定了海内的政局，到姑射山上、汾水北面，去拜见四位得道的高士，不禁怅然若失，忘记了自己的天子之位。

【本经】

惠子谓庄子曰："魏王贻我大瓠之种，我树之成，而实五石。以盛水浆，其坚不能自举也。剖之以为瓢，则瓠落无所容。非不呺然大也，吾为其无用而掊之。"庄子曰："夫子固拙于用大矣！宋人有善为不龟手之药者，世世以洴澼絖为事。客闻之，请买其方百金。聚族而谋曰：'我世世为洴澼絖，不过数金；今一朝而鬻技百金，请与之。'客得之，以说吴王。越有难，吴王使之将，冬与越人水战，大败越人，裂地而封之。能不龟手一也，或以封，或不免于洴澼絖，则所用之异也。今子有五石之瓠，何不虑以为大樽而浮于江湖，而忧其瓠落无所容？则夫子犹有蓬之心也夫！"

【译文】

惠子对庄子说："魏王送我大葫芦种子，我将它培植起来后，结出的果实有五石。用大葫芦去盛水，可是它的坚固程度承受不了水的压力。把它剖开做瓢也太大了，没有什么地方可以放得下。这个葫芦不是不大呀，可我却因为它没有什么用处而砸烂了它。"庄子说："先生实在是不善于使用大东西啊！宋国有一善于调制让手不皲裂的药物的人家，世世代代以漂洗丝絮为职业。有个客人听说了这件事，愿意用百金的高价收买他的药方。全家人聚集在一起商量：'我们世世代代在河水里漂洗丝絮，所得不过数金，如今一下子就可卖得百金。还是把药方卖给他吧。'客人得到药方，来游说吴王。正巧越

（元）青花凤凰纹八菱葫芦瓶

国发难，吴王派他统率部队，冬天跟越军在水上交战，大败越军，吴王划割土地封赏他。能使手不皲裂，药方是同样的，有的人用它来获得封赏，有的人却只能靠它在水中漂洗丝絮，这是使用的方法不同。如今你有五石容积的大葫芦，怎么不考虑用它来制成腰舟，而浮游于江湖之上，却担忧葫芦太大无处可容？看来先生你还是心窍不通啊！"

【本经】

惠子谓庄子曰："吾有大树，人谓之樗。其大本拥肿而不中绳墨，其小枝卷曲而不中规矩，立之涂，匠人不顾。今子之言大而无用，众所同去也。"庄子曰："子独不见狸狌乎？卑身而伏，以候敖者；东西跳梁，不辟高下；中于机辟，死于罔罟。今夫斄牛，其大若垂天之云。此能为大矣，而不能执鼠。今子有大树，患其无用，何不树之于无何有之乡，广莫之野，彷徨乎无为其侧，逍遥乎寝卧其下。不夭斤斧，物无害者，无所可用，安所困苦哉！"

【译文】

惠子又对庄子说："我有棵大树，人们都叫它'樗'。它的树干长满木瘤，不符合绳墨取直的要求，它的树枝弯弯曲曲，也满足不了用圆规和角尺取材的需要。虽然生长在道路旁，木匠连看也不看。现今你的言谈，大而无用，大家都会鄙弃它的。"庄子说："先生你没看见过野猫和黄鼠狼吗？趴在地上，等那些出洞觅食或游乐的小动物。忽东忽西，跳来跳去，忽高忽低，上下跳跃，不免落入猎人所设机关，死于网

春秋战国玉璜

中。再看那犛牛,庞大的身体就像天边的云;它的本事很大,但不能捉老鼠。如今你有一棵大树,却担忧它无用,怎么不把它栽在荒地上,栽在旷野里,悠然地徘徊于树旁,自在地躺于树下。大树不会遭到刀斧砍伐,也没有什么东西会去伤害它。虽然没有派上什么用场,可是哪里又会有什么困苦呢?"

齐物论

题解

  本篇是《庄子》的又一代表篇目。"齐物论"包含齐物与齐论两个意思。庄子认为世界万物包括人的品性和感情,看起来是千差万别,归根结底却又是齐一的,这就是"齐物"。庄子还认为人们的各种看法和观点,虽然看起来是千差万别的,但世间万物是齐一的,言论归根结底也应是齐一的,没有所谓是非和不同,这就是"齐论"。"齐物"和"齐论"合在一起便是本篇的主旨。

古人墓室壁画:死后的生活

"齐物"与"齐论"是庄子哲学思想的又一重要方面，与"逍遥游"一并构成庄子哲学思想体系的主体。庄子看到了客观事物存在这样那样的区别，看到了事物的对立。但出于万物一体的观点，他又认为这一切又都是统一的，浑然一体的，而且都在向其对立的一面转化，因而又都是没有区别的。庄子还认为各种各样的学派和论争都是没有价值的。是与非、正与误，从事物本为一体的观点看也是不存在的。这既有宇宙观方面的讨论，也涉及认识论方面的许多问题，因而在我国古代哲学研究中具有重要地位。本篇充满辩证的观点，但也经常陷入形而上学的泥潭，须得细加体会和分析。

[本经]

　　南郭子綦隐机而坐，仰天而嘘，荅焉似丧其耦。颜成子游立侍乎前，曰："何居乎？形固可使如槁木，而心固可使如死灰乎？今之隐机者，非昔之隐机者也。"子綦曰："偃，不亦善乎，而问之也？今者吾丧我，汝知之乎？女闻人籁而未闻地籁，女闻地籁而未闻天籁夫！"子游曰："敢问其方。"子綦曰："夫大块噫气，其名为风，是唯无作，作则万窍怒呺，而独不闻之翏翏乎？山林之畏佳，大木百围之窍穴，似鼻，似口，似耳，似枅，似圈，似臼，似洼者，似污者。激者，謞者，叱者，吸者，叫者，譹者，宎者，咬者，前者唱于而随者唱喁。泠风则小和，飘风则大和，厉风济则众窍为虚。而独不见之调调之刁刁乎？"子游曰："地籁则众窍是已，人籁则比竹是已，敢问天籁。"子綦曰："夫吹万不同，而使其自己也，咸其自取，怒者其谁邪？"

[译文]

　　南郭子綦靠着几案而坐，仰首向天缓缓地吐着气，那离神去智的样子真好像精神脱离了躯体。他的学生颜成子游陪站在跟前说道："这是怎么啦？形体诚然可以使它像干枯的树木，精神和思想难道也可以使它像死灰那样吗？你今天凭几而坐，跟往昔凭几而坐的情景大不一样呢。"子綦回答说："偃，你这个问题问得不是很好吗？今天我忘掉了自己，你知道吗？你听见过'人籁'却没有听见过'地籁'，你即使听见过'地籁'也没有听见过'天籁'啊！"子游问："我冒昧地请教其中的道理。"子綦说："大地吐出的气，名字叫风。风不发作则已，一旦发作整个大地上数不清的窍孔都怒吼起来。你独独没有听过那呼呼的风声吗？山陵上陡峭峥嵘的各种去处，百围大树上无数的窍孔，有的像鼻子，有的像嘴巴，有的像耳朵，有的像梁上的方孔，有的像围栏，有的像舂米的臼窝，有的像深池，有的像泥坑。它们发出的声音，像湍急的流水声，像迅疾的箭镞声，像大声的呵斥声，像细细的呼吸声，像放声叫喊，像号啕大哭，像在山谷里深沉回荡，像鸟儿鸣叫叽喳，真好像前面在呜呜唱导，后面在呼呼应和。清风徐徐就有小小的和声，长风呼呼便有大的反响，迅猛的暴风突然停歇，万般窍穴也就寂然无声。你难道不曾看见风儿过处万物随风摇曳晃动的样子吗？"子游说："地籁是从万种窍穴里发出的风声，人籁是各种不同的竹管里发出的声音。我再冒昧地向你请教什么是天籁。"子綦说："天籁虽然有万般不同，但使它们发生和停息的都是出于自身，发动者还有谁呢？"

【本经】

大知闲闲，小知间间；大言炎炎，小言詹詹。其寐也魂交，其觉也形开；与接为构，日以心斗：缦者，窖者，密者。小恐惴惴，大恐缦缦。其发若机栝，其司是非之谓也；其留如诅盟，其守胜之谓也。其杀若秋冬，以言其日消也；其溺之所为之，不可使复之也；其厌也如缄，以言其老洫也；近死之心，莫使复阳也。喜怒哀乐，虑叹变慹，姚佚启态。乐出虚，蒸成菌。日夜相代乎前，而莫知其所萌。已乎，已乎！旦暮得此，其所由以生乎！

【译文】

才智超群的人广博豁达，只有点小聪明的人则乐于细察、斤斤计较；合于大道的言论就像猛火烈焰一样气势凌人，拘于智巧的言论则琐细无方、没完没了。他们睡眠时神魂也不安宁，醒来后身疲气散；跟外界交接相应，整日里勾心斗角。有的疏怠迟缓，有的高深莫测，有的辞慎语谨。小的惧怕惴惴不安，大的惊恐失魂落魄。他们说话就好像利箭发自弩机快疾而又尖刻，那就是说是与非都由此而产生；他们将心思存留心底就好像盟约誓言坚守不渝，他们是在坐待致胜的机会。他们衰败犹如秋冬的草木，这说明他们日益衰竭；他们沉湎于所从事的各种事情，致使他们不可能再恢复到原有的情状；他们心灵闭塞，好像被绳索缚住，这说明他们衰老颓败，没法使他们恢复生气。他们欣喜、愤怒、悲哀、欢乐，他们忧思、叹气、反复、恐惧，他们躁动轻浮、奢华放纵、情张欲狂、惺惺作态。好像乐声从中空的乐管中发出，又像菌类由地气蒸腾而成。这种种情态日夜更换与替代，却不知道是怎么萌生的。算了吧，算了吧！一旦懂得这一切发生的道理，不就明白了这种种情态发生、形成的原因？

【本经】

非彼无我，非我无所取。是亦近矣，而不知其所为使。若有真宰，而特不得其眹，可行已信，而不见其形，有情而无形。百骸、九窍、六藏，赅而存焉，吾谁与为亲？汝皆说之乎？其有私焉？如是皆有为臣妾乎？其臣妾不足以相治乎？其递相为君臣乎？其有真君存焉？如求得其情与不得，无益损乎其真。一受其成形，不亡以待尽。与物相刃相靡，其行尽如驰，而莫之能止，不亦悲乎！终身役役而不见其成功，苶然疲役而不知其所归，可不哀邪！人谓之不死，奚益！其形化，其心与之然，可不谓大哀乎？人之生也，固若是芒乎？其我独芒，而人亦有不芒者乎？

【译文】

没有我的对应面就没有我本身，没有我本身就没法呈现我的对应面。这样的认识也就接近于事物的本质，然而却不知道这一切受什么所驱使。仿佛有"真宰"，却又寻不到它的端倪。可以去实践并得到验证，然而却看不见它的形体，真实的存在而又没有反映它的具体形态。

众多的骨节，眼、耳、口、鼻等九个孔窍和心肺肝肾等六脏，全都齐备地存在于我的身体，我跟它们哪一部分最为亲近呢？你对它们都同样喜欢吗？还是对其中某一部分格外偏爱呢？这样，每一部分都只会成为臣妾似的仆属吗？难道臣妾似的仆属就不足以相互支配了吗？还是轮流做君臣呢？难道果真有什么"真君"存在其间？无论能否获得其真实情况，那都不会对它的真实存在有什么增益和损坏。人一旦禀受天地之气而形成形体，就不能忘掉自身而等待最后的消亡。他们跟外界环境或相互对立或相互顺应，他们的行动全都像快马奔驰，没有什么力量能使他们止步，这不是很可悲吗！他们一生承受役使却看不到自己的成功，一辈子困顿疲劳却不知道自己的归宿，这能不悲哀吗！人们说这种人不会死亡，这又有什么益处！人的形骸逐渐衰竭，人的精神和感情也跟着一块儿衰竭，这难道不算是最大的悲哀吗？人生在世，本来就这样迷昧无知吗？难道只有我才这么迷昧无知，而世人也有不迷昧无知的吗！

【本经】

夫随其成心而师之，谁独且无师乎？奚必知代而心自取者有之？愚者与有焉。未成乎心而有是非，是今日适越而昔至也。是以无有为有。无有为有，虽有神禹且不能知，吾独且奈何哉！

【译文】

追随业已形成的偏执己见并把它当作标准，那么谁会没有这个标准呢？为什么必须通晓事物的更替并从自己的精神世界里找到资证的人才有呢？愚昧的人跟他们一样也会有哩。还没有在思想上形成定见就有是与非的观念，这就像今天到越国去而昨天就已经到达。这就是把没有当作有。没有就是有，即使圣明的大禹尚且不可能通晓其中的奥妙，我又能怎么样呢？

【本经】

夫言非吹也。言者有言，其所言者特未定也。果有言邪？其未尝有言邪？其以为异于鷇音，亦有辩乎？其无辩乎？

【译文】

说话辩论并不像是吹风。善辩的人辩论纷纭，他们所说的话也不曾有过定论。果真说了些什么吗？还是不曾说过些什么呢？他们都认为自己的言谈不同于雏鸟的鸣叫，这真有区别吗？还是没有什么区别呢？

【本经】

道恶乎隐而有真伪？言恶乎隐而有是非？道恶乎往而不存？言恶乎存而不可？道隐于小成，言隐于荣华。故有儒墨之是非，以是其所非而非其所是。欲是其所非而非其所是，则莫若以明。

【译文】

大道是怎么隐匿起来而有了真和假呢？言论是怎么隐匿起来而有了是与非呢？大道怎么会出现而又不复存在？言论又怎么存在而又不宜认可？大道被小小的成功所隐蔽，言论被浮华的辞藻所掩盖。所以就有了儒家和墨家的是非之辩，肯定对方所否定的东西而否定对方所肯定的东西。想要肯定对方所否定的东西并否定对方所肯定的东西，那么不如以空明心境去求取事物的本源。

【本经】

物无非彼，物无非是。自彼则不见，自是则知之。故曰：彼出于是，是亦因彼。彼是，方生之说也。虽然，方生方死，方死方生；方可方不可，方不可方可；因是因非，因非因是。是以圣人不由而照之于天，亦因是也。是亦彼也，彼亦是也。彼亦一是非，此亦一是非。果且有彼是乎哉？果且无彼是乎哉？彼是莫得其偶，谓之道枢。枢始得其环中，以应无穷。是亦一无穷，非亦一无穷也。故曰莫若以明。

【译文】

各种事物无不存在它自身对立的那一面，各种事物也无不存在它自身对立的这一面。从事物相对立的那一面看便看不见这一面，从事物相对立的这一面看就能有所认识和了解。所以说：事物的那一面出自事物的这一面，事物的这一面亦起因于事物的那一面。事物对立的两个方面是相互并存、相互依赖的。虽然这样，刚刚产生随即便是死亡，刚刚死亡随即便会复生；刚刚肯定随即就是否定，刚刚否定随即又予以肯定；依托正确的一面同时也就遵循了谬误的一面，依托谬误的一面同时也就遵循了正确的一面。因此圣人不走划分正误是非的道路而是观察比照事物的本然，也就是顺应事物自身的情态。事物的这一面也就是事物的那一面，事物的那一面也就是事物的这一面。事物的那一面同样存在是与非，事物的这一面也同样存在正与误。事物果真存在彼此两个方面吗？事物果真不存在彼此两个方面的区分吗？让彼此两个方面不存在对立关系，这就是大道的枢纽。抓住了大道的枢纽也就抓住了事物的要害，从而顺应事物无穷无尽的变化。"是"是无穷的，"非"也是无穷的。所以说不如以空明的心境去求取事物的本源。

太极八卦图 太极八卦图由《易经》推演而来，反映了我国古人对事物对立统一关系的认识和朴素的辩证思想。

【本经】

以指喻指之非指，不若以非指喻指之非指也；以马喻马之非马，不若以非马喻马之非马也。天地一指也，万物一马也。

【译文】

用组成事物的要素来说明要素不是事物本身，不如用非事物的要素来说明事物的要素并非事物本身；用白马来说明白马不是马，不如用非马来说明白马不是马。整个自然界不论存在多少要素，但作为要素而言却是一样的，各种事物不论存在多少具体物象，但作为具体物象而言也都是一样的。

【本经】

可乎可，不可乎不可。道行之而成，物谓之而然。恶乎然？然于然。恶乎不然？不然于不然。物固有所然，物固有所可；无物不然，无物不可。故为是举莛与楹，厉与西施，恢恑憰怪，道通为一。其分也，成也；其成也，毁也。凡物无成与毁，复通为一。惟达者知通为一，为是不用而寓诸庸。庸也者，用也；用也者，通也；通也者，得也；适得而几矣。因是已，已而不知其然，谓之道。劳神明为一而不知其同也，谓之朝三。何谓朝三？狙公赋芧曰："朝三而暮四。"众狙皆怒。曰："然则朝四而暮三。"众狙皆悦。名实未亏而喜怒为用，亦因是也。是以圣人和之以是非而休乎天钧，是之谓两行。

【译文】

能认可吗？一定有可以加以肯定的东西方才认可；不可以认可吗？一定也有不可以加以肯定的东西方才不认可。道路是行走而成的，事物是人们称谓而就的。怎样才算是正确呢？正确在于其本身就是正确的。怎样才算是不正确呢？不正确的在于其本身就是不正确的。事物原本就有正确的一面，事物原本就有能认可的一面，没有什么事物不存在正确的一面，也没有什么事物不存在能认可的一面。所以可以列举细小的草茎和高大的庭柱，丑陋的癞头和美丽的西施，宽大、奇变、诡诈、怪异等千奇百怪的各种事物来说明这一点，从"道"的观点看，它们都是相通而浑一的。旧事物的分解亦即新事物的形成，新事物的形成亦即旧事物的毁灭。所有事物并无形成与毁灭的区别，而是都具备相通而浑一的特点。只有通达的人方才知晓事物相通而浑一的道理，因此不用固执地对事物做出这样那样的解释，而应把自己的观点寄托于平常的事理之中。所谓平庸的事理就是无用而有用；认识事物无用就是有用，这就算是通达；通达的人才是真正了解事物常理的人；恰如其分地了解事物常理也就接近于大道。顺应事物相通而浑一的本来状态吧，这样还不能了解它的究竟，这就叫作"道"。耗费心思方才认识事物的浑然为一而不知事物本身就具有同一的性状和特点，这就叫"朝三"。什么"朝三"呢？养猴人给猴子分橡子，说："早上分给三升，晚上分给四升。"猴子们听了非常愤怒。养猴人便改口说："那么就早上四升晚上三升吧。"猴子们听了都高兴起来。橡子的名称和实际数量都没有委托，喜与怒却有了变化，也就是因为这样的道理。因此，古代圣人把是与

（清）玉雕双猿偷桃

非混同起来，优游自得地生活在自然而又均衡的境界里，这就叫物与我各得其所、自行发展。

【本经】

古之人，其知有所至矣。恶乎至？有以为未始有物者，至矣，尽矣，不可以加矣。其次以为有物矣，而未始有封也。其次以为有封焉，而未始有是非也。是非之彰也，道之所以亏也。道之所以亏，爱之所以成。果且有成与亏乎哉？果且无成与亏乎哉？有成与亏，故昭氏之鼓琴也。无成与亏，故昭氏之不鼓琴也。昭文之鼓琴也，师旷之枝策也，惠子之据梧也，三子之知几乎皆其盛者也，故载之末年。唯其好之也，以异于彼；其好之也，欲以明之。彼非所明而明之，故以坚白之昧终。而其子又以文之纶终，终身无成。若是而可谓成乎？虽我亦成也。若是而不可谓成乎？物与我无成也。是故滑疑之耀，圣人之所图也。为是不用而寓诸庸，此之谓以明。

【译文】

古时候的人，他们的智慧达到了最高的境界。如何才能达到最高的境界呢？那时有人认为，整个宇宙从一开始就不存在什么具体的事物，这样的认识是最了不起，最尽善尽美，是无以复加的了。其次，认为宇宙之始是存在事物的，可是万事万物从不曾有过区分和界定。再其次，认为万事万物虽有这样那样的区别，但是却从不曾有过是与非的不同。随着是与非的显露，对于宇宙万物的理解也就出现亏损和缺陷，理解上出现亏损与缺陷，偏私的观念也就形成。果真有形成与亏缺吗？果真没有形成与亏缺吗？事物有了形成与亏缺，所以昭文才能够弹琴奏乐。没有形成和亏缺，昭文就不再能够弹琴奏乐。昭文善于弹琴，师旷精于乐律，惠施乐于靠着梧桐树高谈阔论，这三位先生的才智可说是登峰造极了！他们都享有盛誉，所以他们的事迹得到记载并流传下来。他们都爱好自己的学问与技艺，因而跟别人大不一样；正因为爱好自己的学问和技艺，所以总希望能够表现出来。而他们将那些不该彰明的东西彰明于世，因而陷于"石之色白与质坚均独立于石头之外"的昏昧；而昭文的儿子也继承其父亲的事业，终生没有什么作为。像这样就可以称作成功吗？那我虽然没有成就也可说是成功了。像这样便不可以称作成功吗？外界事物和我本身就都没有成功。因此，各种迷乱人心的炫耀，都是圣哲之人所鄙夷、摒弃的。所以说，各种无用均寄托于有用之中，这才是用事物的本然观察事物而求得真实的理解。

【本经】

今且有言于此，不知其与是类乎？其与是不类乎？类与不类，相与为类，则与彼无以异矣。虽然，请尝言之。有始也者，有未始有始也者，有未始有夫未始有始也者。有有也者，有无也者，有未始有无也者，有未始有夫未始有无也者。俄而有无矣，而未知有无之果孰有孰无也。今我则已有谓矣，而未知吾所谓之其果有谓乎，其果无谓乎？天下莫大于秋豪之末，而泰山为小；莫寿于殇子，而彭祖为夭。天地与我并生，而万物与我为一。既已为一矣，且得有言乎？既已谓之一矣，且得无言乎？一与言为二，二与一为三。自此以往，巧历不能得，而况其凡乎！故自无适有以至于三，而况自有适有乎！无适焉，因是已。

【译文】

现在暂且在这里说一番话，不知道这些话跟其他人的谈论是相同的呢，还是不相同的呢？相同的言论与不相同的言论，既然都是言谈议论，从这一意义说，不管其内容如何也就是同类了。虽然这样，还是请让我试着把这一问题说一说。宇宙万物有它的开始，同样有它未曾开始的开始，还有它未曾开始的未曾开始的开始。宇宙之初有过这样那样的"有"，但也有"无"，还有未曾有过的"无"，同样也有未曾有过的未曾有过的"无"。突然间生出了"有"和"无"，却不知道"有"与"无"谁是真正的"有"，谁是真正的"无"。现在我已经说了这些言论和看法，但却不知道我听说的言论和看法是我果真说过的言论和看法呢，还是果真没有说过的言论和看法呢？天下没有什么比秋毫的末端更大，而泰山算是小的了；世上没有什么人比夭折的孩子更长寿，而传说寿命最长的彭祖却是短命的。天地与我共生，万物与我为一体。既然已经浑然为一体，还能够有什么议论和看法？既然已经称作一体，又还能够没有什么议论和看法？客观存在的一体加上我的议论和看法就成了"二"，"二"如果再加上一个"一"就成了"三"，以此类推，最精于计算的人也不可能求得最后的数字，何况大家都是凡夫俗子！既然可以从无到有进而推到"三"，又何况从"有"推演到"有"呢？没有必要这样推演下去，还是顺应事物的本然吧。

【本经】

夫道未始有封，言未始有常，为是而有畛也。请言其畛：有左有右，有伦有义，有分有辩，有竞有争，此之谓八德。六合之外，圣人存而不论；六合之内，圣人论而不议。春秋经世先王之志，圣人议而不辩。故分也者，有不分也；辩也者，有不辩也。曰：何也？圣人怀之，众人辩之以相示也。故曰辩也者有不见也。

【译文】

所谓真理从不曾有过界限，言论也不曾有过定准，只因为各自认为只有自己的观点和看法才是正确的，这才有了这样那样的界线和区别。请让我谈谈那些界线和区别：有左有右，有序列有等别，有分解有辩驳，有竞比有相争，这就是所谓八类。天地四方宇宙之外的事，圣人总是存而不论；宇宙之内的事，圣人虽然细加研究，却不随意评说。至于古代历史上善于治理社会的前代君王们的记载，圣人虽然有所评说却不争辩。可知有分别就因为存在不能分别，有争辩也就因为存在不能辩驳。有人会说，这是为什么呢？圣人把事物都囊括于胸、容藏于己，而一般人则争辩不休夸耀于外，所以说，大凡争辩，总因为有自己所看不见的一面。

【本经】

夫大道不称，大辩不言，大仁不仁，不廉不嗛，不勇不忮。道昭而不道，言辩而不及，仁常而不成，廉清而不信，勇忮而不成。五者圆而几向方矣。故知止其所不知，至矣。孰知不言之辩、不道之道？若有能知，此之谓天府。注焉而不满，酌焉而不竭，而不知其所由来，此之谓葆光。

【译文】

至高无上的真理是不必称扬的，最了不起的辩说是不必言说的，最具仁爱的人是不必向人表示仁爱的，最廉洁方正的人是不必表示谦让的，最勇敢的人是从不伤害他人的。真理完全表露于外那就不算是真理，逞言肆辩总有表达不到的地方，仁爱之心经常流露反而成就不了仁爱，廉洁到清白的极点反而不太真实，勇敢到随处伤人也就不能成为真正勇敢的人。这五种情况就好像着意求圆却几近成方一样。因此懂得停止于自己所不知晓的境域，那就是绝顶的明智。谁能真正通晓不用言语的辩驳、不用称说的道理呢？假如有谁能够知道，这就是所说的自然生成的府库。无论注入多少东西，它不会满盈，无论取出多少东西，它也不会枯竭，而且也不知这些东西出自哪里，这就叫作潜藏不露的光亮。

【本经】

故昔者尧问于舜曰："我欲伐宗、脍、胥敖，南面而不释然，其故何也？"舜曰："夫三子者，犹存乎蓬艾之间。若不释然，何哉？昔者十日并出，万物皆照，而况德之进乎日者乎！"

【译文】

从前尧曾向舜问道："我想征伐宗、脍、胥敖三个小国，每当上朝理事总是心绪不宁，是什么原因呢？"舜回答说："那三个小国的国君,就像生存于蓬蒿艾草之中。你总是耿耿于怀心神不宁,为什么呢?过去十个太阳一块儿升起,万物都在阳光普照之下,何况你崇高的德行又远远超过了太阳的光亮呢!"

【本经】

啮缺问乎王倪曰:"子知物之所同是乎?"曰:"吾恶乎知之!""子知子之所不知邪?"曰:"吾恶乎知之!""然则物无知邪?"曰:"吾恶乎知之!虽然,尝试言之。庸讵知吾所谓知之非不知邪?庸讵知吾所谓不知之非知邪?且吾尝试问乎女:民湿寝则腰疾偏死,鳅然乎哉?木处则惴栗恂惧,猨猴然乎哉?三者孰知正处?民食刍豢,麋鹿食荐,蝍蛆甘带,鸱鸦耆鼠,四者孰知正味?猨猵狙以为雌,麋与鹿交,鳅与鱼游。毛嫱丽姬,人之所美也,鱼见之深入,鸟见之高飞,麋鹿见之决骤。四者孰知天下之正色哉?自我观之,仁义之端,是非之涂,樊然殽乱,吾恶能知其辩!"

【译文】

啮缺问王倪:"你知道各种事物相互间总有共同的地方吗?"王倪说:"我怎么知道呢!"啮缺又问:"你知道你所不知道的东西吗?"王倪回答说:"我怎么知道呢!"啮缺接着又问:"那么各种事物便都无法知道了吗?"王倪回答:"我怎么知道呢!虽然这样,我还是试着来回答你的问题。你怎么知道我所说的知道不是不知道呢?你又怎么知道我所说的不知道不是知道呢?我还是先问一问你:人们睡在潮湿的地方就会腰部患病甚至酿成半身不遂,泥鳅也会这样吗?人们住在高高的

(明)戏猿图 人们住在高高的树木上就会心惊胆战、惶恐不安,猿猴也会这样吗?

树木上就会心惊胆战、惶恐不安,猿猴也会这样吗?人、泥鳅、猿猴三者究竟谁最懂得居处的标准呢?人以牲畜的肉为食物,麋鹿食草芥,蜈蚣嗜吃小蛇,猫头鹰和乌鸦则爱吃老鼠,人、麋鹿、蜈蚣、猫头鹰和乌鸦这四类动物究竟谁才懂得真正的美味?猿猴把猵狙当作配偶,麋喜欢与鹿交配,泥鳅则与鱼交尾。毛嫱和丽姬,是人们称道的美人了,可是鱼儿见了她们却深深潜入水底,鸟儿见了她们高高飞向天空,麋鹿见了她们便撒开四蹄飞快地逃离。人、鱼、鸟和麋鹿四者究竟谁才懂得天下真正的美色呢?以我来看,仁与义的端绪,是与非的途径,都纷杂错乱,我怎么能知晓它们之间的分别!"

【本经】

啮缺曰:"子不知利害,则至人固不知利害乎?"王倪曰:"至人神矣!大泽焚而不能热,河汉冱而不能寒,疾雷破山、飘风振海而不能惊。若然者,乘云气,骑日月,而游乎四海之外。死生无变于己,而况利害之端乎!"

【译文】

啮缺说:"你不了解利与害,道德修养高尚的至人难道也不知晓利与害吗?"王倪说:"进入物我两忘境界的至人实在是神妙不测啊!林泽焚烧不能使他感到热,黄河、汉水封冻了不能使他感到冷,迅疾的雷霆劈山破岩、狂风翻江倒海不能使他感到震惊。假如这样,便可驾驭云气,骑乘日月,在四海之外遨游,死和生对于他自身都没有变化,何况利与害这些微不足道的端绪呢!"

【本经】

瞿鹊子问乎长梧子曰:"吾闻诸夫子,圣人不从事于务,不就利;不违害,不喜求,不缘道;无谓有谓,有谓无谓,而游乎尘垢之外。夫子以为孟浪之言,而我以为妙道之行也。吾子以为奚若?"

【译文】

瞿鹊子向长梧子问道:"我从孔夫子那里听到这样的谈论:圣人不从事琐细的事务,不追逐私利,不回避灾害,不喜好贪求,不因循成规;没说什么又好像说了些什么,说了些什么又好像什么也没有说,因而遨游于世俗之外。孔夫子认为这些都是轻率不当的言论,而我却认为是精妙之道的实践和体现。先生你认为怎么样呢?"

【本经】

长梧子曰:"是黄帝之所听荧也,而丘也何足以知之!且女亦大早计，见卵而求时夜，见弹而求鸮炙。予尝为女妄言之，女以妄听之。奚旁日月，挟宇宙？为其吻合，置其滑涽，以隶相尊。众人役役，圣人愚芚，参万岁而一成纯。万物尽然，而以是相蕴。

【译文】

长梧子说："这些话黄帝也会疑惑不解的，而孔丘怎么能够知晓呢！而且你也谋虑得太早，就好像见到鸡蛋便想立即得到报晓的公鸡，见到弹子便想立即获取烤熟的斑鸠肉。我姑且给你胡乱说一说，你也就胡乱听一听。怎么不依傍日月，怀藏宇宙？跟万物吻合为一体，置各种混乱纷争于不顾，把卑贱与尊贵都等同起来。人们总是一心忙于去争辩是非，圣人却好像十分愚昧无所觉察，糅合古往今来多少变异、沉浮，自身却浑然一体不为纷杂错异所困扰。万物全都是这样，而且因为这个缘故相互蕴积于浑朴而又精纯的状态之中。

【本经】

"予恶乎知说生之非惑邪！予恶乎知恶死之非弱丧而不知归者邪！丽之姬，艾封人之子也。晋国之始得之也，涕泣沾襟，及其至于王所，与王同筐床，食刍豢，而后悔其泣也。予恶乎知夫死者不悔其始之蕲生乎！梦饮酒者，旦而哭泣；梦哭泣者，旦而田猎。方其梦也，不知其梦。梦之中又占其梦焉，觉而后知其梦也。且有大觉而后知此其大梦也，而愚者自以为觉，窃窃然知之。君乎、牧乎，固哉！丘也与女，皆梦也；予谓女梦，亦梦也。是其言也，其名为吊诡。万世之后而一遇大圣，知其解者，是旦暮遇之也！

【译文】

晋献公妃丽姬

"我怎么知道贪恋活在世上不是困惑呢？我又怎么知道厌恶死亡不是年幼流落他乡而老大还不知回归呢？丽姬是艾地封疆守土之人的女儿，晋国征伐丽戎时俘获了她，她当时哭得泪水浸透了衣襟；等她到晋国进入王宫，跟晋侯同睡一床而宠为夫人，吃上美味珍馐，也就后悔当初不该那么伤心地哭泣了。我又怎么知道那些死去的人不会后悔当初的求生呢？睡梦里饮酒作乐的人，天亮醒来后很可能痛哭饮泣；睡梦中痛哭饮泣的人，天亮醒来后又可能在欢快地逐围打猎。正当他在做梦的时候，他并不知道自己是在做梦。睡梦中还会卜问所做之梦的吉凶，醒来以后方知是在做梦。人在最为清醒的时候方才知道他自身也是一场大梦，而愚昧的人则自以为清醒，好像什么都知晓什么都明了。君尊牧卑，这种看法实在是浅薄鄙陋呀！孔丘和你都是在做梦，我说你们在做梦，其实我也在做梦。上面讲的这番话，它的名字可以叫作奇特和怪异。万世之后假若一朝遇上一位大圣人，悟出上述一番话的道理，这恐怕也是偶尔遇上的吧！

【本经】

"既使我与若辩矣，若胜我，我不若胜，若果是也，我果非也邪？

我胜若，若不吾胜，我果是也，而果非也邪？其或是也，其或非也邪？其俱是也，其俱非也邪？我与若不能相知也，则人固受其黮暗，吾谁使正之？使同乎若者正之？既与若同矣，恶能正之！使同乎我者正之？既同乎我矣，恶能正之！使异乎我与若者正之？既异乎我与若矣，恶能正之！使同乎我与若者正之？既同乎我与若矣，恶能正之！然则我与若与人，俱不能相知也，而待彼也邪？化声之相待，若其不相待，和之以天倪，因之以曼衍，所以穷年也。

【译文】

"倘使我和你展开辩论，你胜了我，我没有胜你，那么，你果真对，我果真错吗？我胜了你，你没有胜我，我果真对，你果真错吗？难道我们两人有谁是正确的，有谁是不正确的吗？难道我们两人都是正确的，或都是不正确的吗？我和你都无从知道，而世人原本也都承受着蒙昧与晦暗，我们又能让谁作出正确的裁定？让观点跟你相同的人来判定吗？既然看法跟你相同，怎么能作出公正的评判！让观点跟我相同的人来判定吗？既然看法跟我相同，怎么能作出公正的评判！让观点不同于我和你的人来判定吗？既然看法不同于我和你，怎么能作出公正的评判！让观点跟我和你都相同的人来判定吗？既然看法跟我和你都相同，又怎么能作出公正的评判！如此，那么我和你跟大家都无从知道这一点，还等待别的什么人呢？辩论中的不同言辞跟变化中的不同声音一样相互对立，就像没有相互对立一样，都不能相互作出公正的评判。用自然的分际来调和它，用无尽的变化来顺应它，还是用这样的办法来了此一生吧。

【本经】

"何谓和之以天倪？曰：是不是，然不然。是若果是也，则是之异乎不是也亦无辩；然若果然也，则然之异乎不然也亦无辩。忘年忘义，振于无竟，故寓诸无竟。"

【译文】

"什么叫调和自然的分际呢？对的也就像是不对的，正确的也就像是不正确的。对的假如果真是对的，那么对的不同于不对的，这就不须去争辩；正确的假如果真是正确的，那么正确的不同于不正确的，这也不须去争辩。忘掉死生忘掉是非，到达无穷无尽的境界，因此圣人总把自己寄托于无穷无尽的境域之中。"

【本经】

罔两问景曰："曩子行，今子止；曩子坐，今子起。何其无特操与？"景曰："吾有待而然者邪？吾所待又有待而然者邪？吾待蛇蚹蜩

庄周梦蝶 反映了庄子"齐生死"的哲学观点，倘若人们能打破生死、物我的界限，则无往而不快乐。

翼邪？恶识所以然？恶识所以不然？"

昔者庄周梦为胡蝶，栩栩然胡蝶也，自喻适志与！不知周也。俄然觉，则蘧蘧然周也。不知周之梦为胡蝶与，胡蝶之梦为周与？周与胡蝶，则必有分矣。此之谓物化。

【译文】

影子之外的微阴问影子："先前你行走，现在又停下；以往你坐着，如今又站了起来。你怎么没有自己独立的操守呢？"影子回答说："我是有所依凭才这样的吗？我所依凭的东西又有所依凭才这样的吗？我所依凭的东西难道像蛇的蚹鳞和鸣蝉的翅膀吗？我怎么知道因为什么缘故会是这样？我又怎么知道因为什么缘故而不会是这样？"

过去庄周梦见自己变成蝴蝶，欣然自得地飞舞着的一只蝴蝶，感到多么愉快和惬意啊！不知道自己原本是庄周。突然间醒过来，惊惶不定之间方知原来是我庄周。不知是庄周梦中变成蝴蝶呢，还是蝴蝶梦见自己变成庄周呢？庄周与蝴蝶那必定是有区别的。这就可叫作物我的交合与变化。

养生主

题解

这是一篇谈养生之道的文章。"养生主"意思就是养生的要领。庄子认为,养生之道重在顺应自然,忘却情感,不为外物所滞。

庄子思想的中心,一是无所依凭自由自在,一是反对人为顺其自然,本文字里行间虽是在谈论养生,实际上是在体现作者的哲学思想和生活旨趣。

(元)何澄《归庄图》 该图取材于晋陶渊明《归去来兮辞》,反映了陶渊明辞官归故里的主要情节。

【本经】

吾生也有涯，而知也无涯。以有涯随无涯，殆已；已而为知者，殆而已矣！为善无近名，为恶无近刑。缘督以为经，可以保身，可以全生，可以养亲，可以尽年。

【译文】

人们的生命是有限的，而知识却是无限的。以有限的生命去追求无限的知识，势必体乏神伤，既然如此还在不停地追求知识，那可真是十分危险的了！做了世人所谓的善事却不去贪图名声，做了世人所谓的恶事却不至于面对刑戮的屈辱。遵从自然的中正之路并把它作为顺应事物的常法，这就可以护卫自身，就可以保全天性，就可以不给父母留下忧患，就可以终享天年。

孔子像

【本经】

庖丁为文惠君解牛,手之所触,肩之所倚,足之所履,膝之所踦,砉然向然,奏刀騞然,莫不中音,合于《桑林》之舞,乃中《经首》之会。

【译文】

厨师给文惠君宰杀牛牲,分解牛体时手接触的地方,肩靠着的地方,脚踩踏的地方,膝抵住的地方,都发出砉砉的声响,快速进刀时刷刷的声音,无不像美妙的音乐旋律,符合《桑林》舞曲的节奏,又合于《经首》乐曲的乐律。

【本经】

文惠君曰:"嘻,善哉!技盖至此乎?"庖丁释刀对曰:"臣之所好者道也,进乎技矣。始臣之解牛之时,所见无非全牛者。三年之后,未尝见全牛也。方今之时,臣以神遇而不以目视,官知止而神欲行。依乎天理,批大郤,导大窾,因其固然;技经肯綮之未尝,而况大軱乎!

【译文】

文惠君说:"嘻,妙呀!技术怎么达到如此高超的地步呢?"厨师放下刀回答说:"我所喜好的是摸索事物的规律,比起一般的技术、技巧又进了一层。我开始分解牛体的时候,所看见的没有不是一头整牛的。几年之后,就不曾再看到整体的牛了。现在,我只用心神去接触而不必用眼睛去观察,眼睛的官能似乎停了下来而精神世界还在不停地运行。依照牛体自然的生理结构,劈击肌肉骨骼间大的缝隙,把刀导向那些骨节间大的空处,顺着牛体的天然结构去解剖;从不曾碰撞过经络结聚的部位和骨肉紧密连接的地方,何况那些大骨头呢!

【本经】

"良庖岁更刀,割也;族庖月更刀,折也。今臣之刀十九年矣,所解数千牛矣,而刀刃若新发于硎。彼节者有间,而刀刃者无厚。以无厚入有间,恢恢乎其于游刃必有余地矣,是以十九年而刀刃若新发于硎。虽然,每至于族,吾见其难为,怵然为戒,视为止,行为迟,动刀甚微。謋然已解,如土委地。提刀而立,为之四顾,为之踌躇满志,善刀而藏之。"

文惠君曰:"善哉!吾闻庖丁之言,得养生焉。"

【译文】

"优秀的厨师一年更换一把刀,因为他们是在用刀割肉;普通的厨师一个月就更换一把刀,因为他们是在用刀砍骨头。如今我使用的这把刀已经十九年了,所宰杀的牛牲上千头了,而刀刃锋利就像刚从磨刀石上磨过一样。牛的骨节及至各个组合部位之间是有空隙的,而刀刃几乎没有什么厚度,用薄薄的刀刃插入有空隙的骨节和组合部位间,对于刀刃的运转和回旋来说那是多么宽绰而有余地呀。所以我的刀使用了十九

(西周)铜柄铁剑

年刀锋仍像刚从磨刀石上磨过一样。虽然这样,每当遇上筋腱、骨节聚结交错的地方,我看到难于下刀,为此而格外谨慎不敢大意,目光专注,动作迟缓,动刀十分轻微。牛体霍霍地全部分解开来,就像是一堆泥土堆放在地上。我于是提着刀站在那儿,为此而环顾四周,为此而踌躇满志,这才擦拭好刀收藏起来。"

文惠君说:"妙啊,我听了厨师这一番话,从中得到养生的道理了。"

【本经】

公文轩见右师而惊曰:"是何人也?恶乎介也?天与,其人与?"曰:"天也,非人也。天之生是使独也,人之貌有与也。以是知其天也,非人也。"泽雉十步一啄,百步一饮,不蕲畜乎樊中。神虽王,不善也。

【译文】

公文轩见到右师大吃一惊,说:"这是什么人?怎么只有一只脚呢?是天生只有一只脚,还是人为地失去一只脚呢?"右师说:"天生成的,不是人为的。老天爷生就了我这样一副形体让我只有一只脚,人的外观完全是上天所赋予的。所以知道是天生的,不是人为的。"

沼泽边的野鸡走上十步才能啄到一口食物,走上百步才能喝到一口水,可是它丝毫也不会祈求畜养在笼子里。生活在樊笼里虽然不必费力寻食,但精力即使十分旺盛,那也是很不快意的。

【本经】

老聃死，秦失吊之，三号而出。弟子曰："非夫子之友邪？"曰："然。""然则吊焉若此，可乎？"曰："然。始也吾以为其人也，而今非也。向吾入而吊焉，有老者哭之，如哭其子；少者哭之，如哭其母。彼其所以会之，必有不蕲言而言，不蕲哭而哭者。是遁天倍情，忘其所受，古者谓之遁天之刑。适来，夫子时也；适去，夫子顺也。安时而处顺，哀乐不能入也，古者谓是帝之县解。"

指穷于为薪，火传也，不知其尽也。

【译文】

老聃死了，朋友秦失去吊丧，大哭几声便离开了。老聃的弟子问道："你不是我们老师的朋友吗？"秦失说："是的。"弟子们又问："像这样吊唁朋友，行吗？"秦失说："行。原来我认为你们跟随老师多年都是超脱物外的人了，看来并不是这样。刚才我进入灵房去吊唁，有老年人在哭他，像做父母的哭自己的孩子；有年轻人在哭他，像做孩子的哭自己的父母。他们之所以会聚在这里，一定有人本不想说什么却情不自禁地诉说了什么，本不想哭泣却情不自禁地痛哭起来。如此喜生恶死是违反常理的，他们都忘了人是秉承于自然、受命于天的道理，古人称这种做法就叫作背离自然的过失。偶然来到世上，你们的老师应时而生；偶然离开人世，你们的老师顺依而死。安于天理和常分，顺从自然和变化，哀伤和欢乐便都不能进入心怀，古人称这样做就叫作自然的解脱，好像解除倒悬之苦似的。"

取光照物的烛薪终会燃尽，而火种却传续下来，永远不会熄灭。

外篇

胠箧

题解

"胠箧"的意思是打开箱子。本篇的主旨跟《马蹄》篇相同,但比《马蹄》更深刻,言辞也直接,一方面竭力抨击所谓圣人的"仁义",一方面倡导抛弃一切文化和智慧,使社会回到原始状态中去。宣扬"绝圣弃知"的思想和返归原始的政治主张,就是本篇的中心。

本篇深刻揭露了仁义的虚伪和社会的黑暗,一针见血地指出:"窃钩者诛,窃国者为诸侯。"但看不到社会的出路,于是提出"绝圣弃知"的主张,要摒弃社会文明与进步,倒退到人类的原始状态。这是庄子社会观和政治观的消极面。

孔子像

【本经】

将为胠箧、探囊、发匮之盗而为守备,则必摄缄縢、固扃鐍;此世俗之所谓知也。然而巨盗至,则负匮、揭箧、担囊而趋;唯恐缄縢、扃鐍之不固也。然则乡之所谓知者,不乃为大盗积者也?故尝试论之,世俗之所谓知者,有不为大盗积者乎?所谓圣者,有不为大盗守者乎?

【译文】

为了对付撬箱子、掏口袋、开柜子的小偷而做防范准备,必定要收紧绳结、加固插闩和锁钥,这就是一般人所说的聪明做法。可是一旦大强盗来了,就背着柜子、扛着箱子、挑着口袋快步跑了,唯恐绳结、插闩与锁钥不够牢固哩。既然是这样,那么先前所谓的聪明做法,不就是给大盗作好了积聚和储备吗?所以我曾试图讨论这种情况,世俗所谓的聪明人,有不替大盗积聚财物的吗?所谓的圣人,有不替大盗守卫财物的吗?

【本经】

何以知其然邪?昔者齐国,邻邑相望,鸡狗之音相闻,罔罟之所布,耒耨之所刺,方二千余里。阖四竟之内,所以立宗庙社稷,治邑屋州闾乡曲者,曷尝不法圣人哉?然而田成子一旦杀齐君而盗其国,所盗者岂独其国邪?并与其圣知之法而盗之。故田成子有乎盗贼之名,而身处尧舜之安,小国不敢非,大国不敢诛,十二世有齐国。则是不乃窃齐国并与其圣知之法,以守其盗贼之身乎?尝试论之,世俗之所谓至知者,有不为大盗积者乎?

【译文】

怎么知道是这样的呢？当年的齐国，邻近的村邑遥遥相望，鸡狗之声相互听闻，鱼网所撒布的水面，犁锄所耕作的土地，方圆两千多里。整个国境之内，所有用来设立宗庙、社稷的地方，所有用来建置邑、屋、州、闾、乡、里各级行政机构的地方，何尝不是在效法古代圣人的做法！然而田成子一下子杀了齐国的国君也就窃据了整个齐国。他所盗窃夺取的难道又仅仅只是那样一个齐国吗？连同那里各种圣明的法规与制度也一块儿劫夺去了。而田成子虽然有盗贼的名声，却仍处于尧舜那样安稳的地位，小的国家不敢非议他，大的国家不敢讨伐他，世世代代窃据齐国。那么，这不就是盗窃了齐国并连同那里圣明的法规和制度，从而用来守卫他盗贼之身吗？所以我曾试图讨论这种情况，世俗的所谓聪明人，有不替大盗积聚财物的吗？所谓的圣人，有不替大盗防守财物的吗？

（明）王仲玉《陶渊明图（局部）》

【本经】

何以知其然邪？昔者龙逢斩，比干剖，苌弘胣，子胥靡。故四子之贤而身不免乎戮。故跖之徒问于跖曰："盗亦有道乎？"跖曰："何适而无有道邪？夫妄意室中之藏，圣也；入先，勇也；出后，义也；知可否，知也；分均，仁也。五者不备而能成大盗者，天下未之有也。"由是观之，善人不得圣人之道不立，跖不得圣人之道不行；天下之善不少，而不善人多，则圣人之利天下也少，而害天下也多。故曰：唇竭而齿寒，鲁酒薄而邯郸围，圣人生而大盗起。掊击圣人，纵舍盗贼，而天下始治矣！

【译文】

怎么知道是这样的呢？从前龙逢被斩首，比干被剖胸，苌弘被掏肚，子胥被抛尸江中任其腐烂。即使像上面四个人那样的贤能之士，仍不能免于遭到杀戮。因而盗跖的门徒向盗跖问道："做强盗也有规矩和准绳吗？"盗跖回答说："到什么地方会没有规矩和准绳呢？凭空推测屋里储藏着什么财物，这就是圣明；率先进到屋里，这就是勇敢；最后退出屋子，这就是义气；能知道可否采取行动，这就是智慧；事后分配公平，这就是仁爱。以上五样不能具备，却能成为大盗的人，天下是没有的。"从这一点来看，善人不能通晓圣人之道便不能立业，盗跖不能通晓圣人之道便不能行窃；天下的善人少，而不善的人多，那么圣人给天下带来好处也就少，而给天下带来祸患也就多。所以说：嘴唇向外翻开牙齿就会外露受寒，鲁侯奉献的酒味道淡薄致使赵国都城邯郸遭到围困，圣人出现了因而大盗也就兴起了。抨击圣人，释放盗贼，天下方才能太平无事。

【本经】

夫川竭而谷虚，丘夷而渊实。圣人已死，则大盗不起，天下平而无故矣。圣人不死，大盗不止。虽重圣人而治天下，则是重利盗跖也。为之斗斛以量之，则并与斗斛而窃之；为之权衡以称之，则并与权衡而窃之；为之符玺以信之，则并与符玺而窃之；为之仁义以矫之，则并与仁义而窃之。何以知其然邪？彼窃钩者诛，窃国者为诸侯，诸侯之门而仁义存焉。则是非窃仁义圣知邪？故逐于大盗、揭诸侯、窃仁义并斗斛权衡符玺之利者，虽有轩冕之赏弗能劝，斧钺之威弗能禁。此重利盗跖而使不可禁者，是乃圣人之过也。故曰：鱼不可脱于渊，国之利器不可以示人。彼圣人者，天下之利器也，非所以明天下也。

【译文】

溪水干涸山谷显得格外空旷，山丘夷平深潭显得格外充实。圣人死了，那么大盗也就不会再兴起，天下就太平而没有变故了。圣人不死，大盗也就不会中止。即使让整个社会都重用圣人治理天下，那么这也是让盗跖获得最大的好处。给天下人制定斗、斛来计量物品的多少，那么就连同斗斛一道盗窃走了；给天下人制定秤锤、秤杆来计量物品的轻重，那么就连同秤锤、秤杆一道盗窃走了；给天下人制定符、玺来取信于人，那么就连同符、玺一道盗窃走了；给天下人制定仁义来规范人们的道德和行为，那么就连同仁义一道盗窃走了。怎么知道是这样的呢？那些偷窃腰带、环钩之类小东西的人受到刑戮和杀害，而窃夺了整个国家的人却成为诸侯；诸侯之门方才存在仁义。这不就是盗窃了仁义和圣智吗？所以，那些追随大盗，高居诸侯之位，窃夺了仁义以及斗斛、秤具、符玺之利的人，即使有高官厚禄的赏赐不可能劝勉，即使有行刑杀戮的威严不可能禁止。这些大大有利于盗跖而不能使他们禁止的情况，都是圣人的过错。因此说，鱼儿不能脱离深潭，治国的利器不能随便拿给人看。那些所谓的圣人，就是治理天下的利器，是不可以用来明示天下的。

【本经】

故绝圣弃知，大盗乃止；摘玉毁珠，小盗不起；焚符破玺，而民朴鄙；掊斗折衡，而民不争；殚残天下之圣法，而民始可与论议。擢乱六律，铄绝竽瑟，塞瞽旷之耳，而天下始人含其聪矣；灭文章，散五采，胶离朱之目，而天下始人含其明矣。毁绝钩绳而弃规矩，攦工倕之指，而天下始人有其巧矣。故曰：大巧若拙。削曾史之行，钳杨墨之口，攘弃仁义，而天下之德始玄同矣。彼人含其明，则天下不铄矣；人含其聪，则天下不累矣；人含其知，则天下不惑矣；人含其德，则天下不僻矣。彼曾、史、杨、墨、师旷、工倕、离朱，皆外立其德，而以爚乱天下者也，法之所无用也。

【译文】

所以，断绝圣人、摒弃智慧，大盗就能中止；弃掷玉器、毁坏珠宝，小的盗贼就会消失；焚烧符记、破毁玺印，百姓就会朴实浑厚；打破斗斛、折断秤杆，百姓就会没有争斗；尽毁天下的圣人之法，百姓方才可以谈论是非和曲直。搅乱六律，毁折各种乐器，并且堵住师旷的耳朵，天下人方能保全他们原本的听觉；消除纹饰，离散五彩，粘住离朱的眼睛，天下人方才能保全他们原本的视觉；毁坏钩弧和墨线，抛弃圆规和角尺，弄断工倕的手指，天下人方才能保有他们原本的智巧。因此说："最大的智巧就好像是笨拙一样。"削除曾参、史鳅的忠孝，钳住杨朱、墨翟善辩的嘴巴，摒弃仁义，天下人的德行方才能混同而齐一。人人都保有原本的视觉，那么天下就不会出现毁坏；人人都保有原本的听觉，那么天下就不会出现忧患；人人都保有原本的智巧，那么天下就不会出现迷惑；人人都保有原本的秉性，那么天下就不会出现邪恶。那曾参、史䲡、杨朱、墨翟、师旷、工倕和离朱，都外露并炫耀自己的德行，而且用来迷乱天下之人，这就是圣治之法没有用处的原因。

【本经】

子独不知至德之世乎？昔者容成氏、大庭氏、伯皇氏、中央氏、栗陆氏、骊畜氏、轩辕氏、赫胥氏、尊卢氏、祝融氏、伏牺氏、神农氏，当是时也，民结绳而用之，甘其食，美其服，乐其俗，安其居，邻国相望，鸡狗之音相闻，民至老死而不相往来。若此之时，则至治已。今遂至使民延颈举踵，曰："某所有贤者。"赢粮而趣之，则内弃其亲，而外弃其主之事；足迹接乎诸侯之境，车轨结乎千里之外，则是上好知之过也。上诚好知而无道，则天下大乱矣！

【译文】

你唯独不知道那盛德的时代吗？从前容成氏、大庭氏、伯皇氏、中央氏、栗陆氏、骊畜氏、轩辕氏、赫胥氏、尊卢氏、祝融氏、伏羲氏、神农氏，在那个时代，人民靠结绳的办法记事，把粗疏的饭菜认作美味，把朴素的衣衫认作美服，把淳厚的风俗认作欢乐，把简陋的居所认作安适，邻近的国家相互观望，鸡狗之声相互听闻，百姓直至老死也互不往来。像这样的时代，就可说是真正的太平治世了。可是当今竟然达到使百姓伸长脖颈踮起脚跟说，"某个地方出了圣人"，于是带着干粮急趋而去，家里抛弃了双亲，外边离开了主上的事业，足迹交接于诸侯的国境，车轮印迹往来交错于千里之外，而这就是统治者追求圣智的过错。统治者一心追求圣智而不遵从大道，那么天下必定会大乱啊！

（宋）《（神农）采药图》

【本经】

何以知其然邪？夫弓、弩、毕、弋、机变之知多，则鸟乱于上矣；钩饵、罔罟、罾笱之知多，则鱼乱于水矣；削格、罗落、罝罘之知多，则兽乱于泽矣；知诈渐毒、颉滑坚白、解垢同异之变多，则俗惑于辩矣。故天下每每大乱，罪在于好知。故天下皆知求其所不知，而莫知求其所已知者；皆知非其所不善，而莫知非其所已善者，是以大乱。故上悖日月之明，下烁山川之精，中堕四时之施，惴耎之虫，肖翘之物，莫不失其性。甚矣，夫好知之乱天下也！自三代以下者是已，舍夫种种之民，而悦夫役役之佞，释夫恬淡无为，而悦夫啍啍之意，啍啍已乱天下矣！

【译文】

怎么知道是这样的呢？弓弩、鸟网、弋箭、机关之类的智巧多了，那么鸟儿就只会在空中扰飞；钩饵、鱼网、鱼笼之类的智巧多了，那么鱼儿就只会在水里乱游；木栅、兽栏、兽网之类的智巧多了，那么野兽就只会在草泽里乱窜；伪骗欺诈、奸黠狡猾、言词诡曲、坚白之辩、同异之谈等权变多了，那么世俗的人就只会被诡辩所迷惑。所以天下昏昏大乱，罪过就在于喜好智巧。所以天下人都只知道追求他所不知道的，却不知道探索他所已经知道的；都知道非难他所认为不好的，却不知道否定他所已经赞同的，因此天下大乱。所以对上而言遮掩了日月的光辉，对下而言消解了山川的精华，居中而言损毁了四时的交替，就连附生地上蠕动的小虫、飞在空中的蛾蝶，没有不丧失原有真性的。追求智巧扰乱天下，竟然达到如此地步！自夏、商、周三代以来的情况就是这样啊，抛弃那众多淳朴的百姓，而喜好那钻营狡诈的谄佞小人；废置那恬淡无为的自然风尚，喜好那喋喋不休的说教。喋喋不休的说教已经搞乱了天下啊！

秋水

题解

《秋水》是《庄子》中的又一长篇，用篇首的两个字作为篇名，中心是讨论人应怎样去认识外物。

篇文强调了认识事物的复杂性，即事物本身的相对性和认知过程的变异性，指出了认知之不易和准确判断的困难。但篇文过分强调了事物变化的不定因素，未能揭示出认知过程中相对与绝对间的辩证关系，很容易导向不可知论，因而最终仍只能顺物自化，返归无为，这当然又是消极的了。

（清）高岑《千里江山图》

【本经】

　　秋水时至，百川灌河；泾流之大，两涘渚崖之间不辩牛马。于是焉河伯欣然自喜，以天下之美为尽在己。顺流而东行，至于北海，东面而视，不见水端。于是焉河伯始旋其面目，望洋向若而叹曰："野语有之曰，'闻道百，以为莫己若'者，我之谓也。且夫我尝闻少仲尼之闻而轻伯夷之义者，始吾弗信；今我睹子之难穷也，吾非至于子之门则殆矣，吾长见笑于大方之家。"

【译文】

　　秋天里山洪按照时令汹涌而至，众多大川的水流汇入黄河，河面宽阔波涛汹涌，两岸和水中沙洲之间连牛马都不能分辨。于是河神欣然自喜，认为天下一切美好的东西全都聚集在自己这里。河神顺着水流向东而去，来到北海边，面朝东边一望，看不见大海的尽头。于是河神方才改变先前洋洋自得的面孔，面对着海神仰首慨叹道："俗语有这样的说法，'听到了上百条道理，便认为天下再没有谁能比得上自己'的，说的就是我这样的人了。而且我还曾听说过孔丘懂得的东西太少、伯夷的高义不值得看重的话语，开始我不敢相信；如今我亲眼看到了你是这样的浩渺博大、无边无际，我要不是因为来到你的门前，可就真危险了，我必定会永远受到修养极高的人的耻笑。"

【本经】

　　北海若曰："井蛙不可以语于海者，拘于虚也；夏虫不可以语于冰者，笃于时也；曲士不可以语于道者，束于教也。今尔出于崖涘，观于大海，乃知尔丑，尔将可与语大理矣。天下之水，莫大于海，万川归之，不知何时止而不盈；尾闾泄之，不知何时已而不虚；春秋不变，水旱不知。此其过江河之流，不可为量数。而吾未尝以此自多者，自以比形于天地而受气于阴阳，吾在于天地之间，犹小石小木之在大山也。方存乎见少，又奚以自多！计四海之在天地之间也，不似礨空之在大泽乎？计中国之在海内，不似稊米之在大仓乎？号物之数谓之万，人处一焉；人卒九州，谷食之所生，舟车之所通，人处一焉；此其比万物也，不似毫末之在于马体乎？五帝之所连，三王之所争，仁人之所忧，任士之所劳，尽此矣！伯夷辞之以为名，仲尼语之以为博，此其自多也；不似尔向之自多于水乎？"

【译文】

海神说："井里的青蛙，不可能跟它们谈论大海，是因为受到生活空间的限制；夏天的虫子，不可能跟它们谈论冰冻，是因为受到生活时间的限制；乡曲之士，不可能跟他们谈论大道，是因为教养的束缚。如今你从河岸边出来，看到了大海，方才知道自己的鄙陋，你将可以参与谈论大道了。天下的水面，没有什么比海更大的，千万条河川流归大海，不知道什么时候才会停歇而大海却从不会满溢；海底的尾闾泄漏海水，不知道什么时候才会

《江城访秋图》

停止而海水却从不曾减少；无论春天还是秋天不见有变化，无论水涝还是干旱不会有知觉。这说明大海远远超过了江河的水流，不能够用数量来计算。可是我从不曾因此而自满，自认为从天地那里承受到形体并且从阴和阳那里秉承到元气，我存在于天地之间，就好像一小块石子、一小块木屑存在于大山之中。我正以为自身的存在实在渺小，又哪里会自以为满足而自负呢？想一想，四海存在于天地之间，不就像小小的石间孔隙存在于大泽之中吗？再想一想，中原大地存在于四海之内，不就像细碎的米粒存在于大粮仓里吗？号称事物的数字叫作万，人类只是万物中的一种；人们聚集于九州，粮食在这里生长，舟车在这里通行，而每个人只是众多人群中的一员；一个人与万物相比，不就像是毫毛之末存在于整个马体吗？五帝所续连的，三王所争夺的，仁人所忧患的，贤才所操劳的，全在于这毫末般的天下呢！伯夷辞让它而博取名声，孔丘谈论它而显示渊博，这大概就是他们的自满与自傲；不就像你先前在河水暴涨时的洋洋自得吗？"

【本经】

河伯曰："然则吾大天地而小毫末，可乎？"

北海若曰："否。夫物，量无穷，时无止，分无常，终始无故。是故大知观于远近，故小而不寡，大而不多，知量无穷，证曏今故，故遥而不闷，掇而不跂，知时无止；察乎盈虚，故得而不喜，失而不忧，知分之无常也；明乎坦涂，故生而不说，死而不祸，知终始之不可故也。计人之所知，不若其所不知；其生之时，不若未生之时；以其至小求穷其至大之域，是故迷乱而不能自得也。由此观之，又何以知毫末之足以定至细之倪？又何以知天地之足以穷至大之域？"

【译文】

河神说："这样，那么我把天地看作最大，把毫毛之末看作最小，可以吗？"

海神回答："不可以。万物的量是不可穷尽的，时间的推移是没有止境的，得与失的禀分没有不变的常规，事物的终结和起始也没有定因。所以具有大智的人观察事物从不局限于一隅，因而体积小却不看作就是少，体积大却不看作就是多，这是因为知道事物的量是不可穷尽的；证验并明察古往今来的各种情况，因而寿命久远却不感到厌倦，生命只在近前却不会企求寿命延长，这是因为知道时间的推移是没有止境的；洞悉事物有盈有虚的规律，因而有所得却不欢欣喜悦，有所失也不悔恨忧愁，这是因为知道得与失的禀分是没有定规的；明了生与死之间犹如一条没有阻隔的平坦大道，因而生于世间不会倍加欢喜，死离人世不觉祸患加身，这是因为知道终了和起始是不会一成不变的。算算人所懂得的知识，远远不如他所不知道的东西多，他生存的时间，也远远不如他不在人世的时间长；用极为有限的智慧去探究没有穷尽的境域，所以内心迷乱而必然不能有所得！由此看来，又怎么知道毫毛的末端就可以判定是最为细小的限度呢？又怎么知道天与地就可以看作是最大的境域呢？"

【本经】

河伯曰："世之议者皆曰：'至精无形，至大不可围。'是信情乎？"

北海若曰："夫自细视大者不尽，自大视细者不明。夫精，小之微也；垺，大之殷也；故异便。此势之有也。夫精粗者，期于有形者也；无形者，数之所不能分也；不可围者，数之所不能穷也。可以言论者，物之粗也；可以意致者，物之精也。言之所不能论，意之所不能察致者，不期精粗焉。是故大人之行，不出乎害人，不多仁恩；动不为利，不贱门隶；货财弗争，不多辞让；事焉不借人，不多食乎力，不贱贪污；行殊乎俗，不多辟异；为在从众，不贱佞谄，世之爵禄不足以为劝，戮耻不足以为辱；知是非之不可为分，细大之不可为倪。闻曰：'道人不闻，至德不得，大人无己'。约分之至也。"

【译文】

河神说："世间议论的人们总是说：'最细小的东西没有形体可寻，最巨大的东西不可限定范围。'这样的话是真实可信的吗？"

海神回答："从细小的角度看庞大的东西不可能全面，从巨大的角度看细小的东西不可能真切。精细，是小中之小；庞大，是大中之大；不过大小虽有不同却各有各的合宜之处。这就是事物固有的态势。所谓精细与粗大，仅限于有形的东西，至于没有形体的事物，是不能用计算数量的办法来加以剖解的；而不可限定范围的东西，更不是用数量能够精确计算的。可以用言语来谈论的东西，是事物粗浅的外在表象；可以用心意来传告的东西，则是事物精细的内在实质。言语所不能谈论的，心意所不能传告的，也就不限于精细和粗浅的范围了。所以修养高尚者的行动，不会出于对人的伤害，也不会赞赏给人以仁慈和恩惠；无论干什么都不是为了私利，也不会轻视从事守门差役之类的人。无论什么财物都不去争夺,也不推重谦和与辞让;凡事从不借助他人的力气,但也不提倡自食其力,同时也不鄙夷贪婪与污秽;行动与世俗不同,但不主张邪僻乖异;行为追随一般的人,也不以奉承和谄媚为卑贱;人世间的所

(明)李士达《三驼图》

谓高官厚禄不足以作为劝勉,刑戮和侮辱不足以看作是羞耻;知道是与非的界线不能清楚地划分,也懂得细小和巨大不可能确定清晰的界限。听人说:'能体察大道的人不求闻达于世,修养高尚的人不会计较得失,清虚宁寂的人能够忘却自己。'这就是约束自己而达到适得其分的境界。"

[本经]

河伯曰:"若物之外,若物之内,恶至而倪贵贱?恶至而倪大小?"

北海若曰:"以道观之,物无贵贱。以物观之,自贵而相贱。以俗观之,贵贱不在己。以差观之,因其所大而大之,则万物莫不大;因其所小而小之,则万物莫不小;知天地之为稊米也,知毫末之为丘山也,则差数睹矣。以功观之,因其所有而有之,则万物莫不有;因其所无而无之,则万物莫不无;知东西之相反而不可以相无,则功分定矣。以趣观之,因其所然而然之,则万物莫不然;因其所非而非之,则万物莫不

非;知尧、桀之自然而相非,则趣操睹矣。昔者尧、舜让而帝,之、哙让而绝,汤、武争而王,白公争而灭。

(元)张渥《九歌图·河伯》

【译文】

河神说:"如此事物的外表,如此事物的内在,从何处来区分它们的贵贱?又怎么来区别它们的大小?"

海神回答:"用自然的常理来看,万物本没有贵贱的区别。从万物自身来看,各自为贵而又以他物为贱。拿世俗的观点来看,贵贱不在于事物自身。按照物与物之间的差别来看,顺着各种物体大的一面去观察便会认为物体是大的,那么万物就没有什么不是大的;顺着各种物体小的一面去观察便会认为物体是小的,那么万物没有什么不是小的;知晓天地虽大比起更大的东西来也如小小的米粒,知晓毫毛之末虽小比起更小的东西来也如高大的山丘,而万物的差别和数量也就看得很清楚了。依照事物的功用来看,顺着物体所具有的一面去观察便会认为具有了这样的功能,那么万物就没有什么不具有这样的功能;顺着物体所不具有的一面去观察便会认为不具有这样的功能,那么万物就没有什么具有了这样的功能;可知东与西的方向对立相反却又不可以相互缺少,而事物的功用与本分便得以确定。从人们对事物的趋向来看,顺着各种事物肯定的一面去观察便会认为是对的，那么万物没有什么不是对的；顺着各种事物否定的一面去观察便会认为是不对的，那么万物没有什么不错的；知晓唐尧和夏桀都自以为正确又相互否定对方，而人们的趋向与持守也就看得很清楚了。当年唐尧、虞舜禅让而称帝，宰相子之与燕王哙禅让而燕国几乎灭亡；商汤、周武王都争夺天下而成为帝王，白公胜争夺王位却招致杀身。

[本经]

"由此观之，争让之礼，尧、桀之行，贵贱有时，未可以为常也。梁丽可以冲城，而不可以窒穴，言殊器也。骐骥、骅骝一日而驰千里，捕鼠不如狸狌，言殊技也。鸱鸺夜撮蚤，察毫末，昼出瞋目而不见丘山，言殊性也。故曰，盖师是而无非、师治而无乱乎？是未明天地之理、万物之情者也。是犹师天而无地，师阴而无阳，其不可行明矣。然且语而不舍，非愚则诬也！帝王殊禅，三代殊继。差其时逆其俗者，谓之篡夫；当其时顺其俗者，谓之义之徒。默默乎河伯！女恶知贵贱之门、小大之家！"

[译文]

"由此看来，争斗与禅让的礼制，唐尧与夏桀的做法，认可还是鄙夷都会因时而异，不可以把它们看作是不变的规律。栋梁之材可以用来冲击敌城，却不可以用来堵塞洞穴，说的是器物的用处不一样。骏马良驹一天奔驰上千里，捕捉老鼠却不如野猫与黄鼠狼，说的是技能不一样。猫头鹰夜里能抓取小小的跳蚤，细察毫毛之末，可是大白天睁大眼睛也看不见高大的山丘，说的是禀性不一样。所以说：怎么只看重对的一面而忽略不对的一面、看重治而忽略乱呢？这是因为不明了自然存在的道理和万物自身的实情。这就像是重视天而轻视地、重视阴而轻视阳，那不可行是十分明白的了。然而还是要谈论不休，不是愚昧便是欺骗！远古帝王的禅让各不相同，夏、商、周三代的继承也各不一样。不合时代、悖逆世俗的人，称他叫篡逆之徒；合于时代、顺应世俗的人，称他叫高义之士。沉默下来吧，河神！你怎么会懂得万物间贵贱的门庭和大小的流别！"

【本经】

河伯曰："然则我何为乎？何不为乎？吾辞受趣舍，吾终奈何？"

北海若曰："以道观之，何贵何贱，是谓反衍；无拘而志，与道大蹇。何少何多，是谓谢施；无一而行，与道参差。严乎若国之有君，其无私德，繇繇乎若祭之有社，其无私福；泛泛乎其若四方之无穷，其无所畛域。兼怀万物，其孰承翼？是谓无方。万物一齐，孰短孰长？道无终始，物有死生，不恃其成；一虚一满，不位乎其形。年不可举，时不可止；消息盈虚，终则有始。是所以语大义之方，论万物之理也。物之生也，若骤若驰，无动而不变，无时而不移。何为乎？何不为乎？夫固将自化。"

【译文】

河神说："既然这样，那么我应该做些什么呢？又应该不做什么呢？我将怎样推辞或接纳、屈就或舍弃，我终究将怎么办？"

海神回答："用道的观点来观察，什么是贵什么是贱，这可称之为循环往复；不必束缚你的心志，而跟大道相违碍。什么是少什么是多，这可称之为更替续延；不要偏执于事物的某一方面行事，而跟大道不相一致。端庄、威严的样子像是一国的国君，确实没有一点儿偏私的恩惠；优游自得的样子像是祭祀中的土地神，确实没有任何偏私的赐福；浩瀚周遍的样子像是通达四方而又旷远无穷，确实没有什么区分界限；兼蓄并且包藏万物，难道谁专门有所承受或者有所庇护？这就称作不偏执于事物的任何一个方面。宇宙万物本是混沌齐一的，谁优谁劣呢？大道没有终结和起始，万物却都有死有生，因而不可能依仗一时的成功。时而空虚时而充实，万物从不固守于某一不变的形态。岁月不可以挽留，时间从不会停息，消退、生长、充实、空虚，宇宙万物终结便又有了开始。这样也就可以谈论大道的准则，评说万物的道理了。万物的生长，像是马儿飞奔像是马车疾行，没有什么举动不在变化，没有什么时刻不在迁移。应该做些什么呢？又应该不做什么呢？一切必定都将自然地变化！"

【本经】

河伯曰："然则何贵于道邪？"

北海若曰："知道者必达于理，达于理者必明于权，明于权者不以物害己。至德者，火弗能热，水弗能溺，寒暑弗能害，禽兽弗能贼。非谓其薄之也，言察乎安危，宁于祸福，谨于去就，莫之能害也。故曰：天在内，人在外，德在乎天。知天人之行，本乎天，位乎得；蹢躅而屈伸，反要而语极。"

【译文】

河神说："既然如此，那么为什么还要那么看重大道呢？"

海神回答："懂得大道的人必定通达事理，通达事理的人必定明白应变，明白应变的人定然不会因为外物而损伤自己。道德修养高尚的人烈焰不能烧灼他们，洪水不能沉溺他们，严寒酷暑不能侵扰他们，飞禽走兽不能伤害他们。不是说他们逼近水火、寒暑的侵扰和禽兽的伤害而能幸免，而是说他们明察安危，安于祸福，慎处离弃与追求，因而没有什么东西能够伤害他们。所以说：'天然蕴含于内里，人为显露于外在，高尚的修养则顺应自然。懂得人的行止，立足于自然的规律，居处于自得的环境，徘徊不定，屈伸无常，也就返归大道的要冲而可谈论至极的道理。'"

【本经】

曰："何谓天？何谓人？"

北海若曰："牛马四足，是谓天；落马首，穿牛鼻，是谓人。故曰：无以人灭天，无以故灭命，无以得殉名。谨守而勿失，是谓反其真。"

【译文】

河神说："什么是天然？什么又是人为？"

海神回答："牛马生就四只脚，这就叫天然；用马络套住马头，用牛鼻绳穿过牛鼻，这就叫人为。所以说，不要用人为去毁灭天然，不要用有意的作为去毁灭自然的禀性，不要为获取虚名而不遗余力。谨慎地持守自然的禀性而不丧失，这就叫返归本真。"

【本经】

夔怜蚿，蚿怜蛇，蛇怜风，风怜目，目怜心。

夔谓蚿曰："吾以一足趻踔而行，予无如矣！今子之使万足，独奈何？"蚿曰："不然。予不见乎唾者乎？喷则大者如珠，小者如雾，杂而下者不可胜数也。今予动吾天机，而不知其所以然。"

蚿谓蛇曰："吾以众足行而不及子之无足，何也？"蛇曰："夫天机之所动，何可易邪？吾安用足哉！"

蛇谓风曰："予动吾脊胁而行，则有似也。今子蓬蓬然起于北海，蓬蓬然入于南海，而似无有，何也？"风曰："然。予蓬蓬然起于北海而入于南海也，然而指我则胜我，鳅我亦胜我。虽然，夫折大木、蜚大屋者，惟我能也，故以众小不胜为大胜也。为大胜者，惟圣人能之。"

【译文】

独脚的夔羡慕多脚的蚿，多脚的蚿羡慕无脚的蛇，无脚的蛇羡慕无形的风，无形的风羡慕明察外物的眼睛，明察外物的眼睛羡慕内在的心灵。

夔对蚿说："我依靠一只脚跳跃而行，没有谁再比我简便的了。现在你使用上万只脚行走，竟是怎么样的呢？"蚿说："不对哩。你没有看见那吐唾沫的情形吗？喷出唾沫大的像珠子，小的像雾滴，混杂着吐落而下的不可以数计。如今我启动我天生的机能而行走，不过我也并不知道自己为什么能够这样。"

蚿对蛇说:"我用众多的脚行走反倒不如你没有脚,这是为什么呢?"蛇说:"仰赖天生的机能而行动,怎么可以改变呢?我哪里用得着脚呢!"

蛇对风说:"我启动我的脊柱和腰胁而行走,还是像有足而行的样子。如今你呼呼地从北海掀起,又呼呼地驾临南海,却没有留下有足而行的形迹,这是为什么呢?"风说:"是的,我呼呼地从北海来到南海。可是人们用手来阻挡我而我并不能吹断手指,人们用腿脚来踢踏我而我也不能吹断腿脚。即使这样,折断大树、掀翻高大的房屋,却又只有我能够做到,而这就是细小的方面不求胜利而求获得大的胜利。获取大的胜利,只有圣人才能做到。"

[本经]

孔子游于匡,宋人围之数匝,而弦歌不惙。子路入见,曰:"何夫子之娱也?"孔子曰:"来,吾语女!我讳穷久矣,而不免,命也;

孔子周游列国(年画)

求通久矣，而不得，时也。当尧、舜而天下无穷人，非知得也；当桀、纣而天下无通人，非知失也。时势适然。夫水行不避蛟龙者，渔人之勇也。陆行不避兕虎者，猎夫之勇也。白刃交于前，视死若生者，烈士之勇也。知穷之有命，知通之有时，临大难而不惧者，圣人之勇也。由，处矣！吾命有所制矣！"

无几何，将甲者进，辞曰："以为阳虎也，故围之；今非也，请辞而退。"

【译文】

孔子周游到匡地，卫国人一层又一层地包围了他，可是孔子仍在不停地弹琴诵读。子路入内见孔子说："先生如此欢欣是为什么呢？"孔子说："来，我告诉你！我讳忌困窘闭塞已经很久很久了，可是始终不能免除，这是命运啊。我寻求通达也已经很久很久了，可是始终未能达到，这是时运啊。当尧、舜的时代，天下没有一个困顿潦倒的人，并非因为他们都才智超人；当桀、纣的时代，天下没有一个通达的人，并非因为他们都才智低下。这都是时运所造成的。在水里活动而不躲避蛟龙的，乃是渔夫的勇敢；在陆上活动而不躲避犀牛老虎的，乃是猎人的勇敢；刀剑交错地横于眼前，看待死亡犹如生还的，乃是壮烈之士的勇敢。懂得困厄潦倒乃是命中注定，知道顺利通达乃是时运造成，面临大难而不畏惧的，这就是圣人的勇敢。仲由啊，你还是安然处之吧！我命中注定要受制啊！"

没有过多久，统带士卒的将官走了进来，深表歉意地说："大家把你看作是阳虎，所以包围了你；现在知道了你不是阳虎，请让我向你表示歉意并且撤离部队。"

【本经】

公孙龙问于魏牟曰:"龙少学先王之道,长而明仁义之行;合同异,离坚白;然不然,可不可;困百家之知,穷众口之辩;吾自以为至达已。今吾闻庄子之言,汒焉异之。不知论之不及与?知之弗若与?今吾无所开吾喙,敢问其方。"

【译文】

公孙龙向魏牟问道:"我年少的时候学习古代圣王的主张,长大以后懂得了仁义的行为;能够把事物的不同与相同合而为一,把一个物体的质地坚硬与颜色洁白分离开来;能够把不对的说成是对的,把不应认可的看作是合宜的;能够使百家智士困惑不解,能够使众多善辩之口理屈词穷:我自以为是最为通达的了。如今我听了庄子的言谈,感到十分茫然。不知是我的论辩比不上他呢,还是我的知识不如他呢?现在我已经没有办法再开口了,冒昧地向你请教其中的道理。"

【本经】

公子牟隐机大息,仰天而笑曰:"子独不闻夫埳井之蛙乎?谓东海之鳖曰:'吾乐与!出跳梁乎井干之上,入休乎缺甃之崖;赴水则接腋持颐,蹶泥则没足灭跗;还虷、蟹与科斗,莫吾能若也!且夫擅一壑之水,而跨跱埳井之乐,此亦至矣。夫子奚不时来入观乎?'东海之鳖左足未入,而右膝已絷矣,于是逡巡而却,告之海曰:'夫千里之远，不足以举其大；千仞之高，不足以极其深。禹之时十年九潦，而水弗为加益；汤之时八年七旱，而崖不为加损。夫不为顷久推移，不以多少进退者，此亦东海之大乐也。'于是埳井之蛙闻之，适适然惊，规规然自失也。

【译文】

魏牟靠着几案深深地叹了口气，然后又仰头朝天笑着说："你不曾听说过那浅井里的青蛙吗？井蛙对东海里的鳖说：'我实在快乐啊！我跳跃玩耍于井口栏杆之上，进到井里便在井壁砖块破损之处休息。跳入水中井水漫入腋下并且托起我的下巴，踏入泥里泥水就盖住了我的脚背，回过头来看看水中的那些赤虫、小蟹和蝌蚪，没有谁能像我这样的快乐！再说我独占一坑之水、盘踞一口浅井的快乐，这也是极其称心如意的了。你怎么不随时来井里看看呢？'东海之鳖左脚还未能跨入浅井，右膝就已经被绊住。于是迟疑了一阵子之后又把脚退了出来，把大海的情况告诉给浅井的青蛙，说：'千里的遥远，不足以称述它的大；千仞的高旷，不足于探究它的深。夏禹时代十年里有九年水涝，而海水不会因此增多；商汤的时代八年里有七年大旱，而岸边的水位不会因此下降。不因为时间的短暂与长久而有所改变，不因为雨量的多少而有所增减，这就是东海最大的快乐。'浅井之蛙听了这一席话，惊惶不安，茫然不知所措。

【本经】

"且夫知不知是非之竟，而犹欲观于庄子之言，是犹使蚊负山，商蚷驰河也，必不胜任矣！且夫知不知论极妙之言，而自适一时之利者，是非坞井之蛙与？且彼方跐黄泉而登大皇，无南无北，奭然四解，沦于不测；无东无西，始于玄冥，反于大通。子乃规规然而求之以察，索之以辩，是直用管窥天，用锥指地也，不亦小乎？子往矣！且子独不闻夫寿陵余子之学行于邯郸与？未得国能，又失其故行矣，直匍匐而归耳。今子不去，将忘子之故，失子之业。"

公孙龙口呿而不合，舌举而不下，乃逸而走。

【译文】

"再说你公孙龙的才智还不足以知晓是与非的境界，却还想去察悉庄子的言谈，这就像驱使蚊虫去背负大山，驱使马蛟虫到河水里去奔跑，必定是不能胜任的。而你的才智不足以通晓极其玄妙的言论，竟自去迎合那些一时的胜利，这不就像是浅井里的青蛙吗？况且庄子的思想主张正俯极黄泉登临苍天，不论南北，释然四散通达无阻，深幽沉寂不可探测；不论东西，起于幽深玄妙之境，返归广阔通达之域。你竟拘泥浅陋地用察视的办法去探寻它的奥妙，用论辩的言辞去索求它的真谛，这只不过是用竹管去窥视高远的苍天，用锥子去测量浑厚的大地，不是太渺小了吗！你还是走吧！而且你就不曾听说过那燕国寿陵的小子到赵国的邯郸去学习走步之事吗？未能学会赵国的本事，又丢掉了他原来的本领，最后只得爬着回去了。现在你还不尽快离开我这里，必将忘掉你原有的本领，而且也必将失去你原有的学业。"

公孙龙听了这一番话，大张着口而不能合拢，舌头高高抬起而不能放下，于是快速地逃走了。

【本经】

庄子钓于濮水，楚王使大夫二人往先焉，曰："愿以境内累矣！"

庄子持竿不顾，曰："吾闻楚有神龟，死已三千岁矣，王巾笥而藏之庙堂之上。此龟者，宁其死为留骨而贵乎？宁其生而曳尾于涂中乎？"二大夫曰："宁生而曳尾涂中。"庄子曰："往矣，吾将曳尾于涂中。"

【译文】

庄子在濮水边垂钓，楚王派遣两位大臣先行前往致意，说："楚王愿将国内政事委托给你而劳累你了。"

庄子手把钓竿头也不回地说："我听说楚国有一神龟，已经死了三千年了，楚王用竹箱装着它，用巾饰覆盖着它，珍藏在宗庙里。这只神龟，是宁愿死去为了留下骨骸而显示尊贵呢，还是宁愿活着在泥水里拖着尾巴呢？"两位大臣说："宁愿拖着尾巴活在泥水里。"庄子说："你们走吧！我仍将拖着尾巴生活在泥水里。"

【本经】

惠子相梁，庄子往见之。或谓惠子曰："庄子来，欲代之相。"于是惠子恐，搜于国中，三日三夜。

庄子往见之，曰："南方有鸟，其名为鹓雏，子知之乎？夫鹓雏，发于南海而飞于北海；非梧桐不止，非练实不食，非醴泉不饮。于是鸱得腐鼠，鹓雏过之，仰而视之曰：'吓！'今子欲以子之梁国而吓我邪？"

【译文】

惠子在梁国做宰相,庄子前往看望他。有人对惠子说:"庄子来梁国,是想取代你做宰相。"于是惠子恐慌起来,在都城内搜寻庄子,整整三天三夜。

庄子前往看望惠子,说:"南方有一种鸟,它的名字叫鹓雏,你知道吗?鹓雏从南海出发飞到北海,不是梧桐树它不会停息,不是竹子的果实它不会进食,不是甘美的泉水它不会饮用。正在这时一只鸱鹰寻觅到一只腐烂了的老鼠,鹓雏刚巧从空中飞过,鸱鹰抬头看着鹓雏,发出一声怒气:'嚇!'如今你也想用你的梁国来怒叱我吗?"

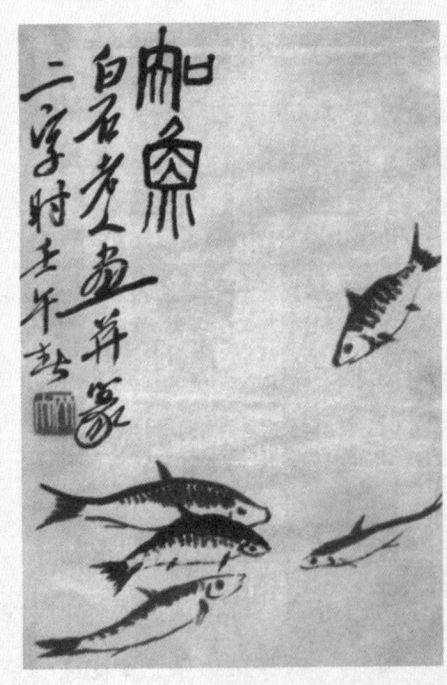

齐白石 《知鱼》　子非鱼,安知鱼之乐?

【本经】

庄子与惠子游于濠梁之上。庄子曰:"鯈鱼出游从容,是鱼之乐也?"惠子曰:"子非鱼,安知鱼之乐?"庄子曰:"子非我,安知我不知鱼之乐?"惠子曰:"我非子,固不知子矣;子固非鱼也,子之不知鱼之乐,全矣。"庄子曰:"请循其本。子曰'汝安知鱼乐'云者,既已知吾知之而问我。我知之濠上也。"

【译文】

庄子和惠子一道在濠水的桥上游玩。庄子说:"白鲦鱼游得多么悠闲自在,这就是鱼儿的快乐。"惠子说:"你不是鱼,怎么知道鱼的快乐?"庄子说:"你不是我,怎么知道我不知道鱼儿的快乐?"惠子说:"我不是你,固然不知道你;你也不是鱼,你不知道鱼的快乐,也是完全可以肯定的。"庄子说:"还是让我们顺着先前的话来说。你刚才所说的'你怎么知道鱼的快乐'的话,就是已经知道了我知道鱼儿的快乐而问我,而我则是在濠水的桥上知道鱼儿快乐的。"

庄子

达生

题解

"达"指通晓、通达,"生"指生存、生命,"达生",就是通达生命的意思。怎样才能"达生"呢?篇文明确提出要摒除各种外欲,要心神宁寂事事释然,可知本篇的宗旨在于讨论如何养神。

(明)周臣《春泉小隐图(局部)》

【本经】

达生之情者，不务生之所无以为；达命之情者，不务知之所无奈何。养形必先之以物，物有余而形不养者有之矣；有生必先无离形，形不离而生亡者有之矣。生之来不能却，其去不能止。悲夫！世之人以为养形足以存生；而养形果不足以存生，则世奚足为哉！虽不足为而不可不为者，其为不免矣。

【译文】

通晓生命实情的人，不会去努力追求对于生命没有什么好处的东西；通晓命运实情的人，不会去努力追求命运无可奈何的事情。养育身形必定先得备足各种物品，可是物资充裕有余而身体却不能很好保养的情况是有的；保全生命必定先得使生命不脱离形体，可是形体没有死去而生命却已死亡的情况也是有的。生命的到来不能推却，生命的离去不能留止。可悲啊！世俗的人认为养育身形便足以保存生命；然而养育身形果真不足以保存生命，那么，世间还有什么事情值得去做呢！虽然不值得去做却不得不去做，内中的操劳或勤苦也就不可避免。

【本经】

夫欲免为形者，莫如弃世。弃世则无累，无累则正平，正平则与彼更生，更生则几矣。事奚足弃则生奚足遗？弃世则形不劳，遗生则精不亏。夫形全精复，与天为一。天地者，万物之父母也，合则成体，散则成始。形精不亏，是谓能移；精而又精，反以相天。

译文

想要免除操劳形体的情况，不如忘却世事。忘却世事就没有劳苦和拘累，没有劳苦和拘累就算走上了正确的道路，走上了正确的道路就能跟随自然一道生存与变化，跟随自然一道生存与变化也就接近于大道了。世俗之事为什么须得舍弃而生命途中的痕迹为什么须得遗忘？舍弃了世俗之事身形就不会劳累，遗忘了生命的涯际精神就不会亏损。身形得以保全而精神得以复本还原，就跟自然融合为一体。天和地，乃是万物（生长、繁育）的父体和母体，（阴阳二气）一旦结合便形成物体，物体一旦离散又成为新的物体产生的开始。形体保全精神不亏损，这就叫作能够随自然的变化而变化；精神汇集达到高度凝聚的程度，返回过来又将跟自然相辅相成。

（宋）马远《秋江渔隐图》这幅画表现了唐代诗人司空曙《江村即事》诗的意境：罢钓归来不系船，江村月落正好眠。纵然一夜风吹去，只在芦花浅水边。

本经

子列子问关尹曰："至人潜行不窒，蹈火不热，行乎万物之上而不栗。请问何以至于此？"

关尹曰："是纯气之守也，非知巧果敢之列。居，予语女。凡有貌象声色者，皆物也，物与物何以相远？夫奚足以至乎先？是形色而已。

则物之造乎不形而止乎无所化,夫得是而穷之者,物焉得而止焉!彼将处乎不淫之度,而藏乎无端之纪,游乎万物之所终始,一其性,养其气,合其德,以通乎物之所造。夫若是者,其天守全,其神无郤,物奚自入焉!

【译文】

列子问关尹说:"道德修养臻于完善的至人潜行水中却不会感到阻塞,跳入火中却不会感到灼热,行走于万物之上也不会感到恐惧。请问为什么会达到这样的境界?"

关尹回答说:"这是因为持守住纯和之气,并不是智巧、果敢所能做到的。坐下,我告诉给你。大凡具有面貌、形象、声音、颜色的东西,都是物体,那么物与物之间又为什么差异很大,区别甚多?又是什么东西最有能耐足以居于他物之先的地位?这都只不过是有形状和颜色罢了。大凡一个有形之物却不显露形色而留足于无所变化之中,懂得这个道理而且深明内中的奥秘,他物又怎么能控制或阻遏住他呢!那样的人处在本能所为的限度内,藏身于无端无绪的混沌中,游乐于万物或灭或生的变化环境里,本性专一不二,元气保全涵养,德行相融相合,从而使自身与自然相通。像这样,他的禀性持守保全,他的精神没有亏损,外物又从什么地方能够侵入呢!

【本经】

"夫醉者之坠车,虽疾不死。骨节与人同而犯害与人异,其神全也,乘亦不知也,坠亦不知也,死生惊惧不入乎其胸中,是故迕物而不憎。彼得全于酒而犹若是，而况得全于天乎？圣人藏于天，故莫之能伤也。复仇者不折镆干，虽有忮心者不怨飘瓦，是以天下平均。故无攻战之乱，无杀戮之刑者，由此道也。

【译文】

"醉酒的人坠落车下，虽然满身是伤却没有死去。骨骼关节跟旁人一样而受到的伤害却跟别人不同，因为他的神思高度集中，乘坐在车子上也没有感觉，即使坠落地上也不知道，死、生、惊、惧全都不能进入到他的思想中，所以遭遇外物的伤害却全没有惧怕之感。那个人从醉酒中获得保全完整的心态尚且能够如此忘却外物，何况从自然之道中忘却外物而保全完整的心态呢？圣人藏身于自然，所以没有什么能够伤害他。复仇的人并不会去折断曾经伤害过他的宝剑，即使常存忌恨之心的人也不会怨恨那偶然飘来、无心地伤害到他的瓦片，这样一来天下也就太平安宁。没有攻城野战的祸乱，没有残杀戮割的刑罚，全因为遵循了这个道理。

张大千《高士图》

【本经】

"不开人之天,而开天之天,开天者德生,开人者贼生。不厌其天,不忽于人,民几乎以其真!"

【译文】

"不要开启人为的思想与智巧,而要开发自然的真性。开发了自然的真性则随遇而安,获得生存;开启人为的思想与智巧,就会处处使生命受到残害。不要厌恶自然的禀赋,也不忽视人为的才智,人们也就几近纯真无伪了!"

【本经】

仲尼适楚,出于林中,见痀偻者承蜩,犹掇之也。

仲尼曰:"子巧乎!有道邪?"曰:"我有道也。五六月累丸二而不坠,则失者锱铢;累三而不坠,则失者十一;累五而不坠,犹掇

孔子开设四科授课 "四科"指德行、言语、政事和文学。另外,孔子门徒众多,据说有"弟子三千,贤人七十"。

之也。吾处身也，若厥株拘；吾执臂也，若槁木之枝；虽天地之大，万物之多，而惟蜩翼之知。吾不反不侧，不以万物易蜩之翼，何为而不得！"

孔子顾谓弟子曰："用志不分，乃凝于神，其痀偻丈人之谓乎！"

【译文】

孔子到楚国去，走出树林，看见一个驼背老人正用竿子粘蝉，就好像在地上拾取一样。

孔子说："先生真是巧啊！有门道吗？"驼背老人说："我有我的办法。经过五、六个月的练习，在竿头累叠起两个丸子而不会坠落，那么失手的情况已经很少了；叠起三个丸子而不坠落，那么失手的情况十次不会超过一次了；叠起五个丸子而不坠落，也就会像在地面上拾取一样容易。我立定身子，犹如临近地面的断木，我举竿的手臂，就像枯木的树枝；虽然天地很大，万物品类很多，我一心只注意蝉的翅膀，从不思前想后左顾右盼，绝不因纷繁的万物而改变对蝉翼的注意，为什么不能成功呢！"

孔子转身对弟子们说："运用心志不分散，就是高度凝聚精神，恐怕说的就是这位驼背的老人吧！"

【本经】

颜渊问仲尼曰："吾尝济乎觞深之渊，津人操舟若神。吾问焉，曰：'操舟可学邪？'曰：'可。善游者数能。若乃夫没人，则未尝见舟而便操之也。'吾问焉而不吾告，敢问何谓也？"

【译文】

颜渊问孔子说:"我曾经在觞深过渡,摆渡人驾船的技巧实在神妙。我问他:'驾船可以学习吗?'摆渡人说:'可以的。善于游泳的人很快就能驾船。假如是善于潜水的人,那他不曾见到船也会熟练地驾驶船。'我进而问他怎样学习驾船而他却不再回答我。请问他的话说的是什么意思呢?"

【本经】

仲尼曰:"善游者数能,忘水也。若乃夫没人之未尝见舟而便操之也,彼视渊若陵,视舟之覆犹其车却也。覆却万方陈乎前而不得入其舍,恶往而不暇!以瓦注者巧,以钩注者惮,以黄金注者殙。其巧一也,而有所矜,则重外也。凡外重者内拙。"

【译文】

孔子回答说:"善于游泳的人很快就能学会驾船,这是因为他们习以成性适应于水而处之自然。至于那善于潜水的人不曾见到过船就能熟练地驾驶船,是因为他们眼里的深渊就像是陆地上的小丘,看待船翻犹如车子倒退一样。船的覆没和车的倒退以及各种景象展现在他们眼前却都不能扰乱他们的内心,他们到哪里不从容自得!用瓦器作为赌注的人心地坦然而格外技高,用金属带钩作为赌注的人而心存疑惧,用黄金作为赌注的人则头脑发昏内心迷乱。各种赌注的赌博技巧本是一样的,而有所顾惜,那就是以身外之物为重了。大凡对外物看得过重的人其内心世界一定笨拙。"

【本经】

田开之见周威公。威公曰:"吾闻祝肾学生,吾子与祝肾游,亦何闻焉?"田开之曰:"开之操拔篲以侍门庭,亦何闻于夫子!"威公曰:"田子无让,寡人愿闻之。"开之曰:"闻之夫子曰:'善养生者,若牧羊然,视其后者而鞭之。'"威公曰:"何谓也?"

【译文】

田开之拜见周威公。周威公说:"我听说祝肾在学习养生,你跟祝肾交游,从他那儿听到过什么呢?"田开之说:"我只不过拿起扫帚来打扫门庭,又能从先生那里听到什么!"周威公说:"先生不必谦虚,我希望能听到这方面的道理。"田开之说:"听先生说:'善于养生的人,就像是牧放羊群似的,瞅到落后的便用鞭子赶一赶。'"周威公问:这话说的是什么意思呢?"

【本经】

田开之曰:"鲁有单豹者,岩居而水饮,不与民共利,行年七十而犹有婴儿之色;不幸遇饿虎,饿虎杀而食之。有张毅者,高门县薄,无不走也,行年四十而有内热之病以死。豹养其内而虎食其外,毅养其外而病攻其内,此二子者,皆不鞭其后者也"。

【译文】

田开之说:"鲁国有个叫单豹的,在岩穴里居住在山泉边饮水,不跟任何人争利,活了七十岁还有婴儿一样的面容;不幸遇上了饿虎,饿虎扑杀并吃掉了他。另有一个叫张毅的，高门甲第、朱户垂帘的富贵人家，无不趋走参谒，活到四十岁便患内热病而死去。单豹注重内心世界的修养可是老虎却吞食了他的身体，张毅注重身体的调养可是疾病侵扰了他的内心世界，这两个人，都不是能够鞭策落后而取其适宜的人。"

【本经】

仲尼曰："无入而藏，无出而阳，柴立其中央。三者若得，其名必极。夫畏涂者，十杀一人，则父子兄弟相戒也，必盛卒徒而后敢出焉，不亦知乎！人之所取畏者，衽席之上，饮食之间；而不知为之戒者，过也。"

【译文】

孔子说："不要进入荒山野岭把自己深藏起来，也不要投进世俗而使自己处处显露，要像槁木一样站立在两者中间。倘若以上三种情况都能具备，他的名声必定最高。使人可畏的道路，十个行人有一个人被杀害，于是父子兄弟相互提醒和戒备，必定要使随行的徒众多起来方才敢于外出，这不是很聪明吗！人所最可怕的，是枕席上的恣意，在饮食间的失度；却不知道为此提醒和戒备，这实在是过错。"

【本经】

祝宗人玄端以临牢柙，说彘曰："汝奚恶死？吾将三月豢汝，十日戒，三日齐，藉白茅，加汝肩尻乎彫俎之上，则汝为之乎？"为彘谋，

曰不如食以糠糟而错之牢柙之中，自为谋，则苟生有轩冕之尊，死得于
腞楯之上，聚偻之中则为之。为彘谋则去之，自为谋则取之，所异彘者
何也。

【译文】

　　主持宗庙祭祀的官吏穿好礼服戴上礼帽来到猪圈边，对着栅栏里的猪说："你为什么要讨厌死呢？我将喂养你三个月，用十天为你上戒，用三天为你作斋，铺垫上白茅，然后把你的肩胛和臀部放在雕有花纹的祭器上，你愿意这样吗？"为猪打算，说是仍不如吃糠咽糟而关在猪圈里，为自己打算，就希望活在世上有高贵荣华的地位，死后则能装在绘有纹彩的柩车上和棺椁中。为猪打算就会舍弃白茅、雕俎之类的东西，为自己打算却想求取这些东西，所不同于猪的原因究竟是什么呢？

【本经】

　　桓公田于泽，管仲御，见鬼焉。公抚管仲之手曰："仲父何见？"对曰："臣无所见。"公反，诶诒为病，数日不出。

　　齐士有皇子告敖者曰："公则自伤，鬼恶能伤公！夫忿滀之气，散而不反，则为不足；上而不下，则使人善怒；下而不上，则使人善忘；不上不下，中身当心，则为病。"

【译文】

　　齐桓公在草泽中打猎，管仲替他驾车，突然桓公见到了鬼。桓公拉住管仲的手说："仲父，你见到了什么？"管仲回答："我没有见到什

么。"桓公打猎回来，疲惫困怠而生了病，好几天不出门。

齐国有个士人叫皇子告敖的对齐桓公说："你是自己伤害了自己，鬼怎么能伤害你呢？身体内部郁结着气，精魂就会离散而不返归于身，对于来自外界的骚扰也就缺乏足够的精神力量。郁结着的气上通而不能下达，就会使人易怒；下达而不能上通，就会使人健忘；不上通又不下达，郁结内心而不离散，那就会生病。"

【本经】

桓公曰："然则有鬼乎？"曰："有。沈有履，灶有髻。户内之烦壤，雷霆处之，东北方之下者，倍阿鲑蠪跃之；西北方之下者，则泆阳处之。水有罔象，丘有峷，山有夔，野有彷徨，泽有委蛇。"公曰："请问委蛇之状何如？"皇子曰："委蛇，其大如毂，其长如辕，紫衣而朱冠。其为物也，恶闻雷车之声，则捧其首而立。见之者殆乎霸。"

桓公囅然而笑曰："此寡人之所见者也。"于是正衣冠与之坐，不终日而不知病之去也。

【译文】

桓公说："这样，那么还有鬼吗？"告敖回答："有。水中污泥里有叫履的鬼，灶里有叫髻的鬼。门户内的各种烦攘，名叫雷霆的鬼在处置；东北的墙下，名叫倍阿鲑蠪的鬼在跳跃；西北方的墙下，名叫攻入阳的鬼住在那里。水里有水鬼罔象，丘陵里有山鬼峷，大山里有山鬼夔，郊野里有野鬼彷徨，草泽里还有一种名叫委蛇的鬼。"桓公接着问："请问，委蛇的形状怎么样？"告敖回答："委蛇，身躯大如车轮，长如车辕，穿着紫衣戴着红帽。他作为鬼神，最讨厌听到雷车的声音，一听见就两手捧着头站着。见到了他的人恐怕也就成了霸主了。"

桓公听了后开怀大笑，说："这就是我所见到的鬼。"于是整理好衣帽跟皇子告敖坐着谈话，不到一天时间病也就不知不觉地消失了。

【本经】

纪渻子为王养斗鸡。十日而问："鸡已乎？"曰："未也，方虚憍而恃气。"十日又问，曰："未也，犹应向景。"十日又问，曰："未也，犹疾视而盛气。"十日又问，曰："几矣。鸡虽有鸣者，已无变矣，望之似木鸡矣，其德全矣，异鸡无敢应者，反走矣。"

【译文】

纪渻子为周宣王驯养斗鸡。过了十天周宣王问："鸡驯好了吗？"纪渻子回答说："不行，正虚浮骄矜自恃意气哩。"十天后周宣王又问，回答说："不行，还是听见响声就叫，看见影子就跳。"十天后周宣王又问，回答说："还是那么顾看迅疾，意气强盛。"又过了十天周宣王问，回答说："差不多了。别的鸡即使打鸣，它已不会有什么变化，看上去像木鸡一样，它的德行真可说是完备了，别的鸡没有敢于应战的，掉头就逃跑了。"

【本经】

孔子观于吕梁，县水三十仞，流沫四十里，鼋鼍鱼鳖之所不能游也。见一丈夫游之，以为有苦而欲死也，使弟子并流而拯之。数百步而出,被发行歌而游于塘下。孔子从而问焉,曰:"吾以子为鬼,察子则人也。请问,蹈水有道乎?"曰:"亡,吾无道。吾始乎故,长乎性,成乎命。与齐俱入,与汨偕出,从水之道而不为私焉。此吾所以蹈之也。"孔子曰:"何谓始乎故,长乎性,成乎命?"曰:"吾生于陵而安于陵,故也;长于水而安于水,性也;不知吾所以然而然,命也。"

【译文】

孔子在吕梁游玩,瀑布高悬二三十丈,冲刷而起的激流和水花远达四十里,鼋、鼍、鱼、鳖都不敢在这一带游水。只见一个壮年男子游在水中,还以为是有痛苦而想寻死的,派弟子顺着水流去拯救他。忽见那壮年男子游出数百步远而后露出水面,还披着头发边唱边游在堤岸下。孔子紧跟在他身后而问他,说:"我还以为你是鬼,仔细观察你却是个人。请问,游水也有什么特别的门道吗?"那人回答:"没有,我并没有什么特别的方法。我起初是故常,长大是习性,有所成就在于自然。我跟水里的漩

(元)盛懋《秋江待渡图》

涡一块儿下到水底，又跟向上的涌流一道游出水面，顺着水势而不作任何违拗。这就是我游水的方法。"孔子说："什么叫作'起初是故常，长大是习性，有所成就在于自然'呢？"那人又回答："我出生于山地就安于山地的生活，这就叫作故常；长大了又生活在水边就安于水边的生活，这就叫作习性；不知道为什么会这样而这样生活着，这就叫作自然。"

[本经]

梓庆削木为鐻，鐻成，见者惊犹鬼神。鲁侯见而问焉，曰："子何术以为焉？"对曰："臣工人，何术之有？虽然，有一焉。臣将为鐻，未尝敢以耗气也，必齐以静心。齐三日，而不敢怀庆赏爵禄；齐五日，不敢怀非誉巧拙；齐七日，辄然忘吾有四枝形体也。当是时也，无公朝，其巧专而外骨消。然后入山林，观天性，形躯至矣，然后成见鐻，然后加手焉；不然则已，则以天合天，器之所以疑神者，其是与！"

[译文]

梓庆能削刻木头做鐻，鐻做成以后，看见的人无不惊叹好像是鬼神的功夫。鲁侯见到便问他，说："你用什么办法做成的呢？"梓庆回答道："我是个做工的人，会有什么特别高明的技术！虽说如此，我还是有一种本事。我准备做鐻时，从不敢随便耗费精神，必定斋戒来静养心思。斋戒三天，不再怀有庆贺、赏赐、获取爵位和俸禄的思想；斋戒五天，不再心存非议、夸誉、技巧或笨拙的杂念；斋戒七天，已不为外物所动仿佛忘掉了自己的四肢和形体。正当这个时候，我的眼里已不存在公室和朝廷，智巧专一而外界的扰乱全都消失。然后我便进入山林，观察各种木料的质地；选择好外形与体态最与鐻相合的，这时业已形成的鐻的形象便呈现于我的眼前，然后动手加工制作；不是这样我就停止不做。这就是用我木工的纯真本性融合木料的自然天性，制成的器物疑为神鬼功夫的原因，恐怕也就出于这一点吧！"

【本经】

东野稷以御见庄公，进退中绳，左右旋中规。庄子以为文弗过也，使之钩百而反。颜阖遇之，入见曰："稷之马将败。"公密而不应。少焉，果败而反。公曰："子何以知之？"曰："其马力竭矣，而犹求焉，故曰败。"

【译文】

东野稷因为善于驾车而得见鲁庄公，他驾车时进退能够在一条直线上，左右转弯形成规整的弧形。庄公认为就是编织花纹图案也未必赶得上，于是要他转一百圈再回来。颜阖遇上此事，入内会见庄公，说："东野稷的马一定失败。"庄公默不作声。不多久，东野稷果然失败而回。庄公问："你怎么事先就知道定会失败？"颜阖答："东野稷的马力气已用尽，却还要它转圈奔走，所以必定会失败。"

【本经】

工倕旋而盖规矩，指与物化而不以心稽，故其灵台一而不桎。忘足，屦之适也；忘要，带之适也；知忘是非，心之适也；不内变，不外从，事会之适也。始乎适而未尝不适者，忘适之适也。

【译文】

工倕随手画来就胜过用圆规与矩尺画出的，手指跟随事物一道变化而无须刻意，所以他心灵深处专一而不曾受过拘束。忘掉脚，是鞋子的舒适；忘掉腰，是带子的舒适；知道忘掉是非，是内心的安适；不改变内心的持守，不顺从外物的影响，是遇事的安适。本性常适而从未有过不适，也就是忘掉了安适的安适。

【本经】

有孙休者，踵门而诧子扁庆子曰："休居乡不见谓不修，临难不见谓不勇；然而田原不遇岁，事君不遇世，宾于乡里，逐于州部，则胡罪乎天哉？休恶遇此命也？"

【译文】

有个名叫孙休的人，走到门前就惊叹不已地询问他的老师扁庆子，说："我安居乡里不曾受人说过道德修养差，面临危难也没有人说过不勇敢；然而我的田地里却从未遇上过好年成，为国家出力也未遇上圣明的国君，被乡里所摈弃，受地方官放逐，而我对于上天有什么罪过呢？我怎么会遇上如此的命运？"

【本经】

扁子曰："子独不闻夫至人之自行邪？忘其肝胆，遗其耳目，芒然彷徨乎尘垢之外，逍遥乎无事之业，是谓为而不恃，长而不宰。今汝饰知以惊愚，修身以明污，昭昭乎若揭日月而行也，汝得全而形躯，具而九窍，无中道夭于聋盲跛蹇而比于人数。亦幸矣，又何暇乎天之怨哉！子往矣！"

【译文】

扁子说："你没听说过那道德修养极高的人的身体力行吗？忘却自己的肝胆，也遗弃了自己的耳目，无心地纵放于世俗尘垢之外，自由地生活在不求建树的环境中，这就叫有所作为而不自恃，有所建树而不自得。如今你把自己打扮得很有才干用以惊吓众人，用修养自己的办法来突出他人的污秽，毫不掩饰地炫耀自己就像在举着日月走路。你得以保全形体和身躯，具备了九窍，没有中道上夭折于聋、瞎、跛、瘸而处于寻常人的行列，也真是万幸了，又有什么闲暇抱怨上天呢！你还是走吧！"

【本经】

孙子出，扁子入，坐有间，仰天而叹。弟子问曰："先生何为叹乎？"扁子曰："向者休来，吾告之以至人之德，吾恐其惊而遂至于惑也。"弟子曰："不然。孙子之所言是邪？先王之所言非邪？非固不能惑是。孙子所言非邪？先生所言是邪？彼固惑而来矣，又奚罪焉！"

【译文】

孙休走出屋子，扁子回到房里。不多一会儿，扁子仰天长叹，弟子问道："先生为什么长叹呢？"扁子说："刚才孙休进来，我把道德修养极高的人的德行告诉给他,我真担心他会吃惊以至迷惑更深。"弟子说:"不对哩。孙休所说的话是正确的吗?先生所说的话是错误的吗?错误的本来就不可能迷惑正确的。孙休所说的话是不对的吗?先生所说的话是正确的吗?他本来就因迷惑而来请教,又有什么过错呀!"

【本经】

扁子曰:"不然。昔者有鸟止于鲁郊,鲁君说之,为具太牢以飨之,奏九韶以乐之,鸟乃始忧悲眩视,不敢饮食。此之谓以己养养鸟也。若夫以鸟养养鸟者,宜栖之深林,浮之江湖,食之以委蛇,则平陆而已矣。今休,款启寡闻之民也,吾告以至人之德,譬之若载鼷以车马,乐鴳以钟鼓也。彼又恶能无惊乎哉!"

【译文】

扁子说:"不是这样的。从前有只海鸟飞到鲁国都城郊外,鲁国国君很喜欢它,用'太牢'来宴请它,奏'九韶'乐来取悦它,海鸟竟忧愁悲伤,眼花缭乱,不敢吃喝。这叫作按自己的生活习性来养鸟。假若是按鸟的习性来养鸟,就应当让它栖息于幽深的树林,浮游于江湖,让它吃泥鳅和小鱼,这本是极为普通的道理。如今的孙休,乃是管窥之见、孤陋寡闻的人,我告诉给他修养极高的人的德行,就好像用马车来托载小老鼠,用钟鼓的乐声来取悦小鴳雀一样。他又怎么会不感到吃惊啊!"

知北游

题解

　　本篇是"外篇"的最后一篇,以篇首的三个字作为篇名。"知"是一寓托的人名,"北游"指向北方游历。在传统的哲学体系中,北方被叫作"玄","玄"指昏暗、幽远,因此北方就是所谓不可知的地方。篇文认为"道"是不可知的,因此开篇便预示了主题。本篇内容主要是在讨论"道",一方面指出了宇宙的本原和本性,另一方面也论述了人对于宇宙和外在事物应取的认识与态度。

　　《知北游》在"外篇"中具有重要地位,对于了解《庄子》的哲学思想体系也较为重要。篇文所说的"道",是指对于宇宙万物的本原和本性的基本认识。篇文认为宇宙万物源于"气",包括人的生死也是出于气的聚散。篇文还认为"道"具有整体性,无处不在但又不存在具体形象,贯穿于万物变化的始终。篇文看到了生与死、长寿与短命、光明与幽暗……都具有相对性,既是对

(清)王鉴《梦镜图》

立的，又是相生、相互转化的，这无疑具有朴素的唯物辩证观。但基于宇宙万物的整体性和同一性认识，篇文又认为"道"是不可知的，"知"反而不成其为"道"，于是又滑向了不可知论，主张无为，顺其自然，一切都有其自身的规律，不可改变，也不必去加以改变，这显然又是唯心的了。

【本经】

　　知北游于玄水之上，登隐弅之丘，而适遭无为谓焉。知谓无为谓曰："予欲有问乎若：何思何虑则知道？何处何服则安道？何从何道则得道？"三问而无为谓不答也，非不答，不知答也。知不得问，反于白水之南，登狐阕之上，而睹狂屈焉。知以之言也问乎狂屈。狂屈曰："唉！予知之，将语若，中欲言而忘其所欲言。"知不得问，反于帝宫，见黄帝而问焉。黄帝曰："无思无虑始知道，无处无服始安道，无从无道始得道。"

【译文】

　　知向北游历来到玄水岸边，登上名叫隐弅的山丘，正巧在那里遇上了无为谓。知对无为谓说："我想向你请教一些问题：怎样思索、怎样考虑才能懂得道？怎样居处、怎样行事才符合于道？依从什么、采用什么方法才能获得道？"问了好几次无为谓都不回答，不是不回答，而是不知道回答。知从无为谓那里得不到解答，便返回到白水的南岸，登上名叫狐阕的山丘，在那里见到了狂屈。知把先前的问话向狂屈提出请教，狂屈说："唉，我知道怎样回答这些问题，我将告诉给你，可是心中正想说话却又忘记了那些想说的话。"知从狂屈那里也没有得到解答，便转回到黄帝的住所，见到黄帝向他再问。黄帝说："没有思索、没有考虑方才能够懂得道，没有安处、没有行动方才能够符合于道，没有依从、没有方法方才能够获得道。"

【本经】

　　知问黄帝曰："我与若知之,彼与彼不知也,其孰是邪？"黄帝曰："彼无为谓真是也,狂屈似之；我与汝终不近也。夫知者不言,言者不知,故圣人行不言之教。道不可致,德不可至。仁可为也,义可亏也,礼相伪也。故曰,'失道而后德,失德而后仁,失仁而后义,失义而后礼。礼者,道之华而乱之首也'。故曰,'为道者日损,损之又损之以至于无为,无为而无不为也'。今已为物也,欲复归根,不亦难乎！其易也,其惟大人乎！

【译文】

黄帝像

　　知于是问黄帝："我和你知道这些道理,无为谓和狂屈不知道这些道理,那么,谁是正确的呢？"黄帝说："那无为谓是真正正确的,狂屈接近于正确；我和你则始终未能接近于道。知道的人不说,说的人不知道,所以圣人施行的是不用言传的教育。道不可能靠言传来获得,德不可能靠谈话来达到。没有偏爱是可以有所作为的，讲求道义是可以亏损残缺的，而礼仪的推行只是相互虚伪欺诈。所以说，'失去了道而后能获得德，失去了德而后能获得仁，失去了仁而后能获得义，失去了义而后能获得礼。礼，乃是道的伪饰、乱的祸首'。所以说，'体察道的人每天都得清除伪饰，清除而又再清除以至达到无为的境界，达到无所作为的境界也就没有什么可以作为的了。'如今你已对外物有所作为，想要再返回根本，不是很困难吗！假如容易改变而回归根本，恐怕只有是得道的人啊！

【本经】

"生也死之徒，死也生之始，孰知其纪！人之生，气之聚也；聚则为生，散则为死。若死生之徒，吾又何患！故万物一也，是其所美者为神奇，其所恶着为臭腐；臭腐复化为神奇，神奇复化为臭腐。故曰，'通天下一气耳'。圣人故贵一。"

【译文】

"生是死的同类，死是生的开始，谁能知道它们的端绪！人的诞生，是气的聚合，气的聚合形成生命，气的离散便是死亡。如果死与生是同类相属的，那么对于死亡我又忧患什么呢？所以，万物说到底是同一的。这样，把那些所谓美好的东西看作是神奇，把那些所谓讨厌的东西看作是臭腐，而臭腐的东西可以再转化为神奇，神奇的东西可以再转化为臭腐。所以说，'整个天下只不过同是气罢了'。圣人也因此看重万物同一的特点。"

【本经】

　　知谓黄帝曰:"吾问无为谓,无为谓不我应。非不我应,不知应我也。吾问狂屈,狂屈中欲告我而不我告,非不我告,中欲告而忘之也。今予问乎若,若知之,奚故不近?"黄帝曰:"彼其真是也,以其不知也;此其似之也,以其忘之也;予与若终不近也,以其知之也。"

　　狂屈闻之,以黄帝为知言。

【译文】

　　知又对黄帝说:"我问无为谓,无为谓不回答我,不是不回答我,是不知道回答我。我问狂屈,狂屈内心里正想告诉我却没有告诉我,不是不告诉我,是心里正想告诉我又忘掉了怎样告诉我。现在我想再次请教你,你懂得我所提出的问题,为什么又说回答了我便不是接近于道呢?"黄帝说:"无为谓他是真正了解大道的,因为他什么也不知道;狂屈他是接近于道的,因为他忘记了;我和你终究不能接近于道,因为我们什么都知道。"

　　狂屈听说了这件事,认为黄帝的话是最了解道的言论。

【本经】

　　天地有大美而不言,四时有明法而不议,万物有成理而不说。圣人者,原天地之美而达万物之理,是故至人无为,大圣不作,观于天地之谓也。

【译文】

　　天地具有伟大的美但却无法用言语表达,四时运行具有显明的规律但却无法加以评议，万物的变化具有现成的定规但却用不着加以谈论。圣哲的人，探究天地伟大的美而通晓万物生长的道理，所以"至人"顺应自然无所作为，"大圣"也不会妄加行动，这是说对于天地作了深入细致的观察。

【本经】

今彼神明至精，与彼百化；物已死生方圆，莫知其根也，扁然而万物自古以固存。六合为巨，未离其内；秋毫为小，待之成体。天下莫不沉浮，终身不故；阴阳四时运行，各得其序。惛然若亡而存，油然不形而神，万物畜而不知。此之谓本根，可以观于天矣。

【译文】

大道神明精妙，参与宇宙万物的各种变化；万物业已或死、或生、或方、或圆，却没有谁知晓变化的根本，一切都是那么自然而然地自古以来就自行存在。"六合"算是十分巨大的，却始终不能超出道的范围；秋毫算是最小的，也得仰赖于道方才能成就其细小的形体。宇宙万物无时不在发生变化，始终保持着变化的新姿，阴阳与四季不停地运行，各有自身的序列。大道是那么混沌昧暗仿佛并不存在却又无处不在，生机盛旺、神妙莫测却又不留下具体的形象，万物被它养育却一点也未觉察。这就称作本根，可以用它来观察自然之道了。

【本经】

　　啮缺问道乎被衣,被衣曰:"若正汝形,一汝视,天和将至,摄汝知,一汝度,神将来舍。德将为汝美,道将为汝居,汝瞳焉如新生之犊而无求其故!"

　　言未卒,啮缺睡寐。被衣大说,行歌而去之,曰:"形若槁骸,心若死灰,真其实知,不以故自持,媒媒晦晦,无心而不可与谋。彼何人哉!"

【译文】

　　啮缺向被衣请教道,被衣说:"你得端正你的形体,集中你的视力,自然的和气便会到来;收敛你的心智,集中你的思忖,精神就会来你这里停留。玄德将为你而显得美好,大道将居处于你的心中,你那瞪

(北朝)壁画《乐伎与百戏图》

着圆眼稚气无邪的样子就像初生的小牛犊而不会去探求外在的事物！"

被衣话还没说完，啮缺便已睡着。被衣见了十分高兴，唱着歌儿离去，说："身形犹如枯骸，内心犹如死灰，朴实的心思返归本真，而且并不因为这个缘故而有所矜持，浑浑噩噩，昏昏暗暗，没有心计而不能与之共谋。那将是什么样的人啊！"

【本经】

舜问乎丞曰："道可得而有乎？"曰："汝身非汝有也，汝何得有夫道？"舜曰："吾身非吾有也，孰有之哉？"曰："是天地之委形也；生非汝有，是天地之委和也；性命非汝有，是天地之委顺也；孙子非汝有，是天地之委蜕也。故行不知所往，处不知所持，食不知所味；天地之强阳气也，又胡可得而有邪？"

【译文】

舜向丞请教说："道可以获得而据有吗？"丞说："你的身体都不是你所据有，你怎么能获得并占有大道呢？"舜说："我的身体不是由我所有，那谁会拥有我的身体呢？"丞说："这是天地把形体托给了你；降生人世并非你所据有，这是天地给予的和顺之气凝积而成，性命也不是你所据有，这也是天地把和顺之气凝聚于你；即使是你的子孙也不是你所据有，这是天地所给予你的蜕变之形。所以，行走不知去哪里，居处不知持守什么，饮食不知什么滋味；行走、居处和饮食都不过是天地之间气的运动，又怎么可以获得并据有呢？"

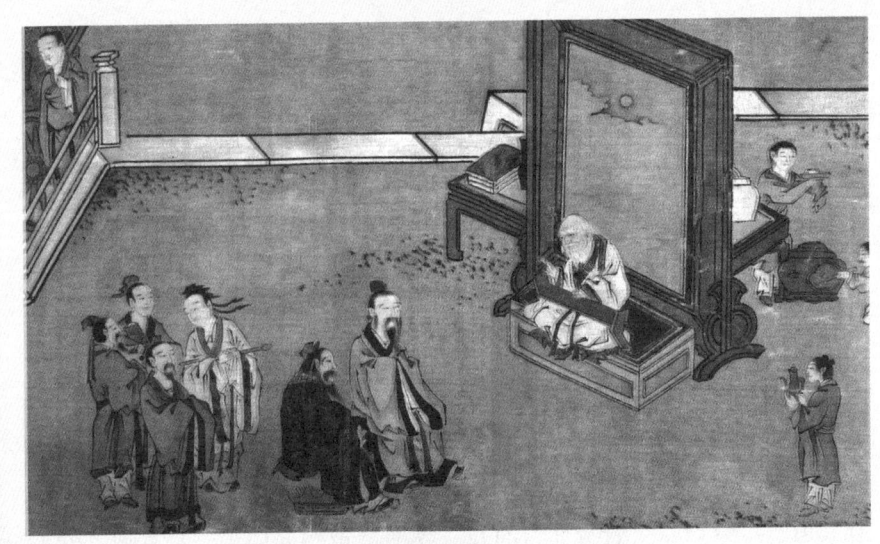

(明)《孔子圣迹图·问礼老聃》

【本经】

孔子问于老聃曰:"今日晏闲,敢问至道。"

老聃曰:"汝斋戒,疏瀹而心,澡雪而精神,掊击而知!夫道,窅然难言哉!将为汝言其崖略。

【译文】

孔子对老聃说:"今天安居闲暇,我冒昧地向你请教至道。"老聃说:"你先得斋戒静心,再疏通你的心灵,清扫你的精神,破除你的才智!大道,真是深奥神妙难以言表啊!不过我将为你说个大概。

【本经】

"夫昭昭生于冥冥,有伦生于无形,精神生于道,形本生于精,而万物以形相生,故九窍者胎生,八窍者卵生。其来无迹,其往无崖,无门无房,四达之皇皇也。邀于此者,四肢彊。思虑恂达,耳目聪明,其用心不劳,其应物无方。天不得不高,地不得不广,日月不得不行,万物不得不昌,此其道与!

【译文】

"明亮的东西产生于昏暗,具有形体的东西产生于无形,精神产生于道,形质产生于精微之气。万物全都凭借形体而诞生,所以,具有九个孔窍的动物是胎生的,具有八个孔窍的动物是卵生的。它的来临没有踪迹,它的离去没有边界,不知从哪儿进出、在哪儿停留,通向广阔无垠的四面八方。遵循这种情况的人,四肢强健,思虑通达,耳目灵敏,运用心思不会劳顿,顺应外物不拘定规。天不从它那儿获得什么便不会高远,地不从那儿获得什么便不会广大,太阳和月亮不能从那儿获得什么便不会运行,万物不能从那儿获得什么便不会昌盛,这恐怕就是道啊!

【本经】

"且夫博之不必知,辩之不必慧,圣人以断之矣。若夫益之而不加益,损之而不加损者,圣人之所保也。渊渊乎其若海,魏魏乎其终则复始也,运量万物而不匮。则君子之道,彼其外与!万物皆往资焉而不匮,此其道与!

【译文】

"再说博读经典的人不一定懂得真正的道理,善于辩论的人不一定就格外聪明,圣人因而断然割弃上述种种做法。至于增多了却不像是更加增加，减少了却不像是有所减少，那便是圣人所要持守的东西。深邃莫测呀它像大海一样，高大神奇呀它没有终结也没有开始，万物的运动全在它的范围之内，而且从不曾缺少什么。那么，世俗君子所谈论的大道，恐怕都是些皮毛啊！万物全都从它那里获取生命的资助，而且从不匮乏，这恐怕就是道啊！

【本经】

"中国有人焉，非阴非阳，处于天地之间，直且为人，将反于宗。自本观之，生者，喑醷物也。虽有寿夭，相去几何？须臾之说也。奚足以为尧桀之是非！果蓏有理，人伦虽难，所以相齿。圣人遭之而不违，过之而不守。调而应之，德也；偶而应之，道也；帝之所兴，王之所起也。

【译文】

"中原一带有人居住着，不偏于阴也不偏于阳，处在大地的中间，只不过姑且具备了人的形体罢了，而人终将返归他的本原。从道的观点来看，人的诞生，乃是气的聚合，虽然有长寿与短命，相差又有多少呢？说起来只不过是俄顷之间，又哪里用得着区分唐尧和夏桀的是非呢！果树和瓜类各不相同却有共同的生长规律，人们的次第关系即使难以划分，也还可以用年龄大小相互为序。圣人遇上这些事从不违拗，即使亲身过往也不会滞留。调和而顺应，这就是德；无心却适应，这就是道；而德与道便是帝业兴盛的凭借，王侯兴起的规律。

【本经】

"人生天地之间,若白驹之过郤,忽然而已。注然勃然,莫不出焉;油然漻然,莫之人焉。已化而生,又化而死,生物哀之,人类悲之。解其天弢,堕其天袠,纷乎宛乎,魂魄将往,乃身从之,乃大归乎!不形之形,形之不形,是人之所同知也,非将至之所务也,此众人之所同论也。彼至则不论,论则不至。明见无值,辩不若默。道不可闻,闻不若塞,此之谓大得。"

【译文】

"人生于天地之间,就像骏马穿过一个狭窄的通道,瞬间而过罢了。自然而然地,全都蓬勃而生;自然而然地,全都顺应变化而死。业已变化而生长于世间,又会变化而死离人世,活着的东西为之哀叹,人们为之悲悯。可是人的死亡,也只是解脱了自然的捆束,毁坏了自然的拘括,纷纷扰扰地,魂魄必将消逝,于是身形也将随之而去,这就是最终归向宗本啊!不具有形体变化而为有了形体,

(西汉)T形帛画 这是葬仪中用以表示招魂、导引后随葬的旌幡。画面以有序的层次展示了汉初人们观念中的宇宙图景。

具有形体再变化而为消失形体,这是人们所共同了解的,绝不是体察大道的人所追求的道理,也不是人们所共同谈论的话题。体悟大道的人就不会去议论,议论的人就没有真正体悟大道。显明昭露地寻找不会真正有所体察,宏辞巧辩不如闭口不言。道不可能通过传言而听到,希望传闻不如塞耳不听,这就称作是真正懂得了玄妙之道。"

【本经】

东郭子问于庄子曰:"所谓道,恶乎在?"庄子曰:"无所不在。"东郭子曰:"期而后可。"庄子曰:"在蝼蚁。"曰:"何其下邪?"曰:"在稊稗。"曰:"何其愈下邪?"曰:"在瓦甓。"曰:"何其愈甚邪?"曰:"在屎溺。"东郭子不应。

【译文】

东郭子向庄子请教说:"人们所说的道,究竟存在于什么地方呢?"庄子说:"大道无所不在。"东郭子曰:"必定得指出具体存在的地方才行。"庄子说:"在蝼蚁之中。"东郭子说:"怎么处在这样低下卑微的地方?"庄子说:"在稻田的稊草里。"东郭子说:"怎么越发低下了呢?"庄子说:"在瓦块砖头中。"东郭子说:"怎么越来越低下呢?"庄子说:"在大小便里。"东郭子听了后不再吭声。

【本经】

庄子曰:"夫子之问也,固不及质。正获之问于监市履狶也,每下愈况。汝惟莫必，无乎逃物。至道若是，大言亦然。周遍咸三者，异名同实，其指一也。尝相与游乎无何有之宫，同合而论，无所终穷乎！尝相与无为乎！澹而静乎！漠而清乎！调而闲乎！

【译文】

庄子说："先生的提问，本来就没有触及道的本质，一个名叫获的管理市场的官吏向屠夫询问猪的肥瘦，踩踏猪腿的部位越是往下就越能探知肥瘦的真实情况。你不要只是在某一事物里寻找道，万物没有什么东西可以逃离开它。'至道'是这样，最伟大的言论也是这样。万物、言论和大道遍及各个角落，它们名称各异而实质却是相同，它们的意旨是归于同一的。让我们一道游历于什么也没有的地方，用混同合一的观点来加以讨论，宇宙万物的变化是没有穷尽的啊！我们再顺应变化无为而处吧！恬淡而又寂静啊！广漠而又清虚啊！调谐而又安闲啊！

【本经】

"寥已吾志，无往焉而不知其所至，去而来而不知其所止，吾已往来焉而不知其所终；彷徨乎冯闳，大知入焉而不知其所穷。物物者与物无际，而物有际者，所谓物际者也；不际之际，际之不际者也。谓盈虚衰杀，彼为盈虚非盈虚，彼为衰杀非衰杀，彼为本末非本末，彼为积散非积散也。"

（明）戴进《洞天问道图》

【译文】

"我的心思早已虚空宁寂,不会前往何处也不知道应该去到哪里,离去以后随即归来也从不知道停留的所在,我已在人世来来往往却并不了解哪里是最后的归宿;放纵我的思想遨游在虚旷的境域,大智的人跟大道交融相契而从不了解它的终极。造就万物的道跟万物本身并无界域之分,而事物之间的界线,就是所谓具体事物的差异;没有差异的区别,也就是表面存在差异而实质并非有什么区别。人们所说的盈满、空虚、衰退、减损,认为是盈满或空虚而并非真正是盈满或空虚,认为是衰退或减损而并非真正是衰退或减损,认为是宗本或末节而并非真正是宗本或末节,认为是积聚或离散而并非真正是积聚或离散。"

【本经】

妸荷甘与神农同学于老龙吉。神农隐几阖户昼瞑,妸荷甘日中奓户而入曰:"老龙死矣!"神农隐几拥杖而起,嚗然放杖而笑,曰:"天知予僻陋慢诞,故弃予而死。已矣夫子!无所发予之狂言而死矣夫!"

【译文】

妸荷甘和神农一同在老龙吉处学习。神农大白天靠着几案、关着门睡觉,中午时分,妸荷甘推门而入说:"老龙吉死了!"神农抱着拐杖站起身来,"啪"的一声丢下拐杖而笑起来,说:"老龙吉知道我见识短浅心志不专,所以丢下了我而死去。完了,我的先生!没有用至道的言论来启发教导我就死去了啊!"

【本经】

弇堈吊闻之，曰："夫体道者，天下之君子所系焉。今于道，秋豪之端万分未得处一焉，而犹知藏其狂言而死，又况夫体道者乎！视之无形，听之无声，于人之论者，谓之冥冥，所以论道，而非道也。"

【译文】

弇堈吊知道了这件事，说："体悟大道的人，天下一切有道德修养的人都将归附于他。如今老龙吉对于道，连秋毫之末的万分之一也未能得到，尚且懂得深藏他的谈吐而死去，又何况真正体悟大道的人呢！大道看上去没有形体，听起来没有声音，对于人们所谈论的道，称它是昏昧而又晦暗，而可以用来加以谈论的道，实际上并不是真正的道。"

【本经】

于是泰清问乎无穷曰："子知道乎？"无穷曰："吾不知。"又问乎无为。无为曰："吾知道。"曰："子之知道，亦有数乎？"曰："有。"曰："其数若何？"无为曰："吾知道之可以贵，可以贱，可以约，可以散，此吾所以知道之数也。"

【译文】

于是，泰清向无穷请教："你知晓道吗？"无穷回答："我不知晓。"又问无为。无为回答说："我知晓道。"泰清又问："你知晓道，道也有名目吗？"无为说："有。"泰清说："道的名目怎么样呢？"无为说："我知道道可以处于尊贵，也可以处于卑贱，可以聚合，也可以离散，这就是我所了解的道的名数。"

【本经】

泰清以之言也问乎无始曰："若是，则无穷之弗知与无为之知，孰是而孰非乎？"无始曰："不知深矣，知之浅矣；弗知内矣，知之外矣。"于是泰清中而叹曰："弗知乃知乎！知乃不知乎！孰知不知之知？"

【译文】

泰清用上述谈话去请教无始，说："像这样，那么无穷的不知晓和无为的知晓，谁对谁错呢？"无始说："不知晓是深奥玄妙，知晓是浮泛浅薄；不知晓处于深奥玄妙之道的范围内，知晓却刚好与道相乖背。"于是泰清有所醒悟而叹息，说："不知晓就是真正的知晓啊！知晓就是真正的不知晓啊！有谁懂得不知晓的知晓呢？"

【本经】

无始曰："道不可闻，闻而非也；道不可见，见而非也；道不可言，言而非也。知形形之不形乎！道不当名。"

【译文】

无始说："道不可能听到，听到的就不是道；道不可能看见，看见了就不是道；道不可以言传，言传的就不是道。要懂得有形之物之所以具有形体正是因为产生于无形的道啊！因此大道不可以称述。"

【本经】

无始曰："有问道而应之者，不知道也。虽问道者，亦未闻道。道无问，问无应。无问问之，是问穷也；无应应之，是无内也。以无内待问穷，若是者，外不观乎宇宙，内不知乎大初，是以不过乎昆仑，不游乎太虚。"

【译文】

无始又说："有人询问大道便随口回答的，乃是不知晓道。就是询问大道的人，也不曾了解过道。道无可询问，问了也无从回答。无可询问却一定要问，这是在询问空洞无形的东西；无从回答却勉强回答，这是说对大道并无了解。内心无所得却期望回答空洞无形的提问，像这样的人，对外不能观察广阔的宇宙，对内不能了解自身的本原，所以不能越过那高远的昆仑，也不能遨游于清虚宁寂的太虚之境。"

【本经】

光曜问乎无有曰："夫子有乎？其无有乎？"光曜不得问，而孰视其状貌，窅然空然，终日视之而不见，听之而不闻，搏之而不得也。

光曜曰："至矣，其孰能至此乎！予能有无矣，而未能无无也；及为无有矣，何从至此哉！"

【译文】

　　光曜问无有："先生你是存在呢？还是不存在呢？"无有不吭声，光曜得不到回答，便仔细地观察他的形状和容貌，是那么深远那么空虚，整天看他看不见，整天听他听不到，整天捕捉他却摸不着。

　　光曜说："最高的境界啊，谁能够达到这种境界呢！我能够做到'无'，却未能达到'无无'，等到做到了'无'却仍然是在基于'有'，从哪儿能够达到这种境界啊！"

【本经】

　　大马之捶钩者，年八十矣，而不失豪芒。大马曰："子巧与，有道与？"曰："臣有守也。臣之年二十而好捶钩，于物无视也，非钩无察也。是用之者，假不用者也以长得其用，而况乎无不用者乎！物孰不资焉！"

【译文】

　　大司马家锻制带钩的人，年纪虽然已经八十，却一点也不会出现差误。大司马说："你是特别灵巧呢，还是有什么门道呀？"锻制带钩的老人说："我遵循着道。我二十岁时就喜好锻制带钩，对于其他外在的事物我什么也看不见，不是带钩就不会引起我的专注。锻制带钩这是得用心专一的事，借助这一工作便不再分散自己的用心，而且锻制出的带钩得以长期使用，更何况对于那些无可用心之事啊！能够这样，外物有什么不会予以资助呢？"

【本经】

　　冉求问于仲尼曰："未有天地可知邪？"仲尼曰："可。古犹今也。"冉求失问而退，明日复见，曰："昔者吾问'未有天地可知乎？'夫子曰：'可。古犹今也。'昔日吾昭然，今日吾昧然，敢问何谓也？"仲尼曰："昔之昭然也，神者先受之；今之昧然也，且又为不神者求邪！无古无今，无始无终。未有子孙而有子孙；可乎？"冉求未对。

【译文】

　　冉求向孔子请教："天地产生以前的情况能知道吗？"孔子说："能，古时候就像今天一样。"冉求感觉不满意便退出屋来，第二天再见到孔子，说："昨天我问'天地产生以前的情况能知道吗？'先生回答说：'能，古时候就像今天一样。'昨天我还很明白，今天就糊涂了，请问那是什么意思？"孔子说："昨天明白，是因为心神先有所领悟；今天糊涂，是因为又拘滞于具体形象而有所疑问吧？没有古就没有今，没有开始就没有终结。不曾有子孙而存在子孙，能吗？"冉求不能回答。

【本经】

　　仲尼曰："已矣，未应矣！不以生生死，不以死死生。死生有待邪？皆有所一体。有先天地生者物邪？物物者非物。物出不得先物也，犹其有物也。犹其有物也，无已。圣人之爱人也终无已者，亦乃取于是者也"。

【译文】

孔子说:"算了,不必再回答了!不会为生而使死者复生,不会为死而使生者死去。死和生相互有所依赖吗?其实全存在于一个整体。有先于天地而产生的物类吗?使万物成为具有各别形体事物的并不是具有形体的事物。万物的产生不可能先行出现具象性的物体,而是气的聚合而产生万物。由气的聚合形成万物之后,这才连续不断繁衍生息。圣人对于人的怜爱没有终结,也就是取法于万物的生生相续。"

【本经】

颜渊问乎仲尼曰:"回尝闻诸夫子曰:'无有所将,无有所迎。'回敢问其游。"

仲尼曰:"古之人,外化而内不化,今之人,内化而外不化。与物化者,一不化者也。安化安不化,安与之相靡,必与之莫多。狶韦氏之囿,黄帝之圃,有虞氏之宫,汤武之室。君子之人,若儒墨者师,故以是非相也,而况今之人乎!圣人处物不伤物。不伤物者,物亦不能伤也。惟无所伤者,为能与人相将迎。山

孔子与弟子

林与，皋壤与？使我欣欣然而乐与！乐未毕也，哀又继之。哀乐之来，吾不能御，其去弗能止。

【译文】

颜渊问孔子说："我曾听先生说过：'不要有所送，也不要有所迎。'请问先生，一个人应该怎样居处与闲游。"

孔子说："古人，外表适应环境变化但内心世界却持守凝寂，今人，内心不能凝寂持守而外表又不能适应环境变化。随应外物变化的人，必定内心纯一凝寂而不离散游移。对于变化与不变化都能安然听任，安闲地跟外在环境相顺应，必与外物一道变化而不有所偏移。狶韦氏的苑囿，黄帝的果林，虞舜的宫室，商汤、周武王的房舍，都是他们养心任物的好处所。那些称作君子的人，像儒家、墨家之流，以是非好坏来相互诋毁，何况今人呢！圣人与外物相处却不损伤外物。不伤害外物的人，外物也不会伤害他。正因为无所伤害，因而能够与他人自然相送或相迎。山林呢，还是旷野呢？这都使我感到无限欢乐啊！可欢乐还未消逝，悲哀又接着到来。悲哀与欢乐的到来，我无法阻挡，悲哀与欢乐的离去，我也不能制止。

【本经】

"悲夫，世人直为物逆旅耳！夫知遇而不知所不遇，知能能而不能所不能。无知无能者，固人之所不免也。夫务免乎人之所不免者，岂不亦悲哉！至言去言，至为去为。齐知之所知，则浅矣。"

【译文】

　　可悲啊，世人不过是外物临时栖息的旅舍罢了。人们知道遇上了什么却不知道遇不上什么，能够做自身能力所及却不能做自身能力所不及的事。不知道与不能够，本来就是不可回避的，一定要避开自己所不能避开的事，难道不可悲吗！最好的言论是什么也没说，最好的行动是什么也没做。要想把每个人所知道的各种认识全都等同起来，那就实在是浅陋了。"

杂篇

盗跖

题解

（明）丁云鹏《三教图》

"盗跖"为一人名，指称一个名叫跖的大盗，本篇以人物之名为篇名。《盗跖》内容的中心是抨击儒家，指斥儒家观点的虚伪性和欺骗性，主张返归原始，顺其自然。

本篇历来认为是伪作，或认为是后学者所为。通观全篇，第一部分与二、三部分的语言风格也很不一样，第一部分一气呵下，直陈胸意，淋漓尽致，不拖泥带水，与《庄子》内篇离奇婉曲的风格迥异；二、三部分又晦涩不畅，显得十分费解。

【本经】

孔子与柳下季为友,柳下季之弟,名曰盗跖。盗跖从卒九千人,横行天下,侵暴诸侯;穴室枢户,驱人牛马,取人妇女;贪得忘亲,不顾父母兄弟,不祭先祖。所过之邑,大国守城,小国入保,万民苦之。

【译文】

孔子跟柳下季是朋友,柳下季的弟弟名叫盗跖。盗跖的部下有九千人,横行天下,侵扰各国诸侯;穿室破门,掠夺牛马,抢劫妇女;贪财妄亲,全不顾及父母兄弟,也不祭祀祖先。他所经过的地方,大国避守城池,小国退入城堡,百姓被他弄得很苦。

【本经】

孔子谓柳下季曰:"夫为人父者,必能诏其子;为人兄者,必能教其弟。若父不能诏其子,兄不能教其弟,则无贵父子兄弟之亲矣。今先生,世之才士也,弟为盗跖,为天下害,而弗能教也,丘窃为先生羞之。丘请为先生往说之。"

【译文】

孔子对柳下季说:"大凡做父母的,必定能告诫自己的子女;做兄长的,必定能教育自己的弟弟。假如做父亲的不能告诫自己的子女,做兄长的不能教育自己的兄弟,那么父子、兄弟之间的亲密关系也就没有什么可贵的了。如今先生你是当世的贤士,然而兄弟却被叫作盗跖,成为天下的祸害,而且不能加以管教,我私下里替先生感到羞愧。我愿意替你前去说服他。"

【本经】

柳下季曰:"先生言为人父者必能诏其子,为人兄者必能教其弟,若子不听父之诏,弟不受兄之教,虽今先生之辩,将奈之何哉!且跖之为人也,心如涌泉,意如飘风,强足以距敌,辩足以饰非,顺其心则喜,逆其心则怒,易辱人以言。先生必无往。"

【译文】

柳下季说:"先生谈到做父亲的必定能告诫自己的子女,做兄长的必定能教育自己的弟弟,假如子女不听从父亲的告诫,兄弟不接受兄长的教育,即使像先生今天这样能言善辩,又能拿他怎么样呢?而且盗跖的为人,思想活跃犹如喷涌的泉水,感情变化就像骤起的暴风,勇武强悍足以抗击敌人,巧言善辩足以掩盖过失,顺从他的心意他就高兴,违背他的意愿他就发脾气,容易用言语侮辱别人。先生千万不要去见他。"

(宋)马远《孔子像》

【本经】

孔子不听,颜回为驭,子贡为右,往见盗跖。盗跖乃方休卒徒大山之阳,脍人肝而铺之。孔子下车而前,见谒者曰:"鲁人孔丘,闻将军高义,敬再拜谒者。"

【译文】

　　孔子不听，让颜回驾车，子贡骖乘，前去会见盗跖。盗跖正好在泰山的南麓休整队伍，将人肝切碎后吃掉。孔子下了车走上前去，见了禀报的人员说："鲁国人孔丘，听说将军刚毅正直，多多拜托转达我前来拜见的心意。"

【本经】

　　谒者入通，盗跖闻之大怒，目如明星，发上指冠，曰："此夫鲁国之巧伪人孔丘非邪？为我告之：'尔作言造语，妄称文武，冠枝木之冠，带死牛之胁，多辞缪说，不耕而食，不织而衣，摇唇鼓舌，擅生是非，以迷天下之主，使天下学士不反其本，妄作孝弟而侥幸于封侯富贵者也。子之罪大极重，疾走归！不然，我将以子肝益昼铺之膳！'"

【译文】

　　禀报的人入内通报，盗跖听说孔子求见勃然大怒，双目圆睁亮如明星，头发怒起直冲帽顶，说："这不就是那鲁国的巧伪之人孔丘吗？替我告诉他：'你矫造语言，托伪于文王、武王的主张；你头上戴着树杈般的帽子，腰上围着宽宽的牛皮带，满口的胡言乱语；你不种地却吃得不错，不织布却穿得讲究；你整天摇唇鼓舌，专门制造是非，用以迷惑天下的诸侯，使天下的读书人全都不能返归自然的本性，而且虚妄地标榜尽孝尊长的主张以侥幸得到封侯的赏赐而成为富贵的人。你实在是罪大恶极，快些滚回去！要不然，我将把你的心肝挖出来增加午餐的膳食！'"

【本经】

孔子复通曰："丘得幸于季，愿望履幕下。"谒者复通，盗跖曰："使来前！"孔子趋而进，避席反走，再拜盗跖。盗跖大怒，两展其足，案剑瞋目，声如乳虎，曰："丘来前！若所言，顺吾意则生，逆吾意则死。"

【译文】

孔子再次请求通报接见，说："我荣幸地跟柳下季相识，诚恳希望能够面见将军。"禀报人员再次通报，盗跖说："叫他进来！"孔子小心翼翼地快步走进帐去，又远离座席连退数步，向盗跖深深施礼。盗跖一见孔子大怒不已，伸开双腿，按着剑柄怒瞋双眼，喊声犹如哺乳的母虎，说："孔丘你上前来！你所说的话，合我的心意有你活的，不合我的心意你就等着一死。"

【本经】

孔子曰："丘闻之，凡天下有三德：生而长大，美好无双，少长贵贱见而皆说之，此上德也；知维天地，能辩诸物，此中德也；勇悍果敢，聚众率兵，此下德也。凡人有此一德者，足以南面称孤矣。今将军兼此三者，身长八尺二寸，面目有光，唇如激丹，齿如齐贝，音中黄钟，而名曰盗跖，丘窃为将军耻不取焉。

【译文】

孔子说："我听说，大凡天下人有三种美德：生就魁梧高大，长得漂亮无双，无论少小年长高贵卑贱见到他都十分喜欢，这是上等的德行；才智能够包罗天地，能力足以分辨各种事物，这是中等的德行；勇武、剽悍、果决、勇敢，能够聚合众人统率士兵，这是下一等的德行。大凡人们有此一种美德，足以南面称王了。如今将军同时具备了上述三种美德，你高大魁梧身长八尺二寸，面容和双眼熠熠有光，嘴唇鲜红犹如朱砂，牙齿整齐犹如编贝，声音洪亮合于黄钟，然而名字却叫盗跖，我暗暗为将军感到羞耻并且认为将军不应有此恶名。

【本经】

"将军有意听臣，臣请南使吴越，北使齐鲁，东使宋卫，西使晋楚，使为将军造大城数百里，立数十万户之邑，尊将军为诸侯，与天下更始，罢兵休卒，收养昆弟，共祭先祖。此圣人才士之行，而天下之愿也。"

【译文】

"将军如果有意听从我的劝告，我将南边出使吴国越国，北边出使齐国鲁国，东边出使宋国卫国，西边出使晋国秦国，派人为将军建造数百里的大城，确立数十万户人家的封邑，尊将军为诸侯，跟天下各国更除旧怨开启新的一页，弃置武器休养士卒，收养兄弟，供祭祖先。这才是圣人贤士的作为，也是天下人的心愿。"

【本经】

盗跖大怒曰："丘来前！夫可规以利而可谏以言者，皆愚陋恒民之谓耳。今长大美好，人见而悦之者，此吾父母之遗德也。丘虽不吾誉，吾独不自知邪？且吾闻之，好面誉人者，亦好背而毁之。今丘告我以大城众民，是欲规我以利而恒民畜我也，安可久长也！城之大者，莫大乎天下矣。尧舜有天下，子孙无置锥之地；汤武立为天子，而后世绝灭；非以其利大故邪？

【译文】

盗跖大怒说："孔丘上前来！凡是可以用利禄来规劝、用言语来谏正的，都只能称作愚昧、浅陋的普通顺民。如今我身材高大魁梧面目英俊美好，人人见了都喜欢，这是我的父母给我留下的美德。你孔丘即使不当面吹捧我，我难道不知道吗？而且我听说，喜好当面夸奖别人的人，也好背地里诋毁别人。如今你把建造大城、聚集众多百姓的意图告诉给我，这是用功利来诱惑我，而且是用对待普通顺民的态度来对待我，这怎么可以长久呢！城池最大的，莫过于整个天下。尧舜拥有天下，子孙却没有立锥之地；商汤与周武王立做天子，可是后代却遭灭绝，这不是因为他们贪求占有天下的缘故吗？

【本经】

"且吾闻之，古者禽兽多而人少，于是民皆巢居以避之，昼拾橡栗，暮栖木上，故命之曰有巢氏之民。古者民不知衣服，夏多积薪，冬则炀之，故命之曰知生之民。神农之世，卧则居居，起则于于，民知其母，不知其父，与麋鹿共处，耕而食，织而衣，无有相害之心，此至德之隆也。然而黄帝不能致德，与蚩尤战于涿鹿之野，流血百里。尧舜作，立群臣，汤放其主，武王杀纣。自是之后，以强陵弱，以众暴寡。

汤武以来，皆乱人之徒也。

【译文】

"况且我还听说，古时候禽兽多而人少，于是人们都在树上筑巢而居躲避野兽，白天拾取橡子，晚上住在树上，所以称他们叫作有巢氏之民。古时候人们不知道穿衣，夏天多多存积柴草，冬天就烧火取暖，所以称他们叫作懂得生存的人。到了神农时代，居处是多么安静闲暇，行动是多么优游自得，人们只知道母亲，不知道父亲，跟麋鹿生活在一起，自己耕种自己吃，自己织布自己穿，没有伤害别人的心思，这就是道德鼎盛的时代。然而到了黄帝就不再具有这样的德行，跟蚩尤在涿鹿的郊野上争战，流血百里。尧舜称帝，设置百官，商汤放逐了他的君主，武王杀死了纣王。从此以后，世上总是依仗强权欺凌弱小，依仗势众侵害寡少。商汤、武王以来，就都是属于篡逆叛乱的人了。

【本经】

"今子修文武之道，掌天下之辩，以教后世，缝衣浅带，矫言伪行，以迷惑天下之主，而欲求富贵焉，盗莫大于子。天下何故不谓子为盗丘，而乃谓我为盗跖？子以甘辞说子路而从之，使子路去其危冠，解其长剑，而受教于子，天下皆曰孔丘能止暴禁非。其卒之也，子路欲杀卫君而事不成，身菹于卫东门之上，是子教之不至也。子自谓才士圣人邪？则再逐于鲁，削迹于卫，穷于齐，围于陈蔡，不容身于天下。子教子路菹此患，上无以为身，下无以为人，子之道岂足贵邪？

【译文】

"如今你研修文王、武王的治国方略，控制天下的舆论，一心想用你的主张传教后世子孙，穿着宽衣博带的儒式服装，说话与行动矫揉造作，用以迷惑天下的诸侯，而且一心想用这样的办法追求高官厚禄，要说大盗再没有比你大的了。天下为什么不叫你做盗丘，反而竟称我是盗跖呢？你用甜言蜜语说服了子路让他死心塌地地跟随你，使子路去掉了勇武的高冠，解除了长长的佩剑，受教于你的门下，天下人都说你孔子能够制止暴力禁绝不轨。可是后来，子路想要杀掉篡逆的卫君却不能成功，而且自身还在卫国东门上被剁成了肉酱，这就是你那套说教的失败。你不是自称才智的学士、圣哲的人物吗？却两次被逐出鲁国，在卫国被人铲削掉所有足迹，在齐国被逼得走投无路，在陈国蔡国之间遭受围困，不能容身于天下。而你所教育的子路却又遭受如此的祸患，做师长的没有办法在社会上立足，做学生的也就没有办法在社会上为人，你

仲由为亲负米

的那套主张难道还有可贵之处吗?

【本经】

"世之所高,莫若黄帝,黄帝尚不能全德,而战涿鹿之野,流血百里。尧不慈,舜不孝,禹偏枯,汤放其主,武王伐纣,文王拘羑里。此六子者,世之所高也,孰论之,皆以利惑其真而强反其情性,其行乃甚可羞也。

【译文】

"世上所尊崇的,莫过于黄帝,黄帝尚且不能保全德行,而征战于涿鹿的郊野,流血百里。唐尧不慈爱,虞舜不孝顺,大禹半身不遂,商汤放逐了他的君主,武王出兵征讨商纣,文王曾经被囚禁在羑里。这以上的六个人,都是世人所尊崇的,但是仔细评论起来,都是因为追求功利迷惑了真性而强迫自己违反了自然的禀赋,他们的做法实在是极为可耻的。

【本经】

"世之所谓贤士,伯夷叔齐。伯夷叔齐辞孤竹之君而饿死于首阳之山,骨肉不葬。鲍焦饰行非世,抱木而死。申徒狄谏而不听,负石自投于河,为鱼鳖所食。介子推至忠也,自割其股以食文公,文公后背之,子推怒而去,抱木而燔死。尾生与女子期于梁下,女子不来,水至不去,抱梁柱而死。此六子者,无异于磔犬流豕操瓢而乞者,皆离名轻死,不念本养寿命者也。

【译文】

"世人所称道的贤士,就如伯夷、叔齐。伯夷、叔齐辞让了孤竹国的君位,却饿死在首阳山,尸体都未能埋葬。鲍焦着意清高非议世事,竟抱着树木而死去。申徒狄多次进谏不被采纳,背着石块投河而死,尸体被鱼鳖吃掉。介子推算是最忠诚的了,割下自己大腿上的肉给晋文公吃,文公返国后却背弃了他,介子推一怒之下逃出都城隐居山林,也抱着树木被烧死。尾生跟一女子在桥下约会,女子没有如期赴约,河水涌来尾生却不离去,竟抱着桥柱子而淹死。这以上的六个人,跟肢解了的狗、沉入河中的猪以及拿着瓢到处乞讨的乞丐相比没有什么不同,都是重视名节轻生赴死,不顾念身体和寿命的人。

伯夷和叔齐

【本经】

"世之所谓忠臣者,莫若王子比干、伍子胥。子胥沉江,比干剖心,此二子者,世谓忠臣也,然卒为天下笑。自上观之,至于子胥比干,皆不足贵也。

【译文】

"世人所称道的忠臣,没有超过王子比干和伍子胥的了。伍子胥被抛尸江中,比干被剖心而死,这两个人,世人都称作忠臣,然而最终被天下人讥笑。从上述事实看来,直到伍子胥、王子比干之流,都是不值得推崇的。

【本经】

丘之所以说我者,若告我以鬼事,则我不能知也;若告我以人事者,不过此矣,皆吾所闻知也。今吾告子以人之情,目欲视色,耳欲听声,口欲察味,志气欲盈。人上寿百岁,中寿八十,下寿六十,除病瘦死丧忧患,其中开口而笑者,一月之中不过四五日而已矣。天与地无穷,人死者有时,操有时之具而托于无穷之间,忽然无异骐骥之驰过隙也。不能说其志意,养其寿命者,皆非通道者也。

【译文】

"你孔丘用来说服我的,假如告诉我怪诞离奇的事,那我是不可能知道的;假如告诉我人世间实实在在的事,不过如此而已,都是我所听闻的事。现在让我来告诉你人之常情，眼睛想要看到色彩，耳朵想要听到声音，嘴巴想要品尝滋味，志气想要满足、充沛。人生在世高寿为一百岁，中寿为八十岁，低寿为六十岁，除掉疾病、死丧、忧患的岁月，其中开口欢笑的时光，一月之中不过四五天罢了。天与地是无穷尽的，人的死亡却是有时限的，拿有时限的生命托付给无穷尽的天地之间，迅速地消逝就像是千里良驹从缝隙中骤然驰去一样。凡是不能够使自己心境获得愉快而颐养寿命的人，都不能算是通晓常理的人。

【本经】

"丘之所言，皆吾之所弃也，亟去走归，无复言之！子之道，狂狂汲汲，诈巧虚伪事也，非可以全真也，奚足论哉！"

【译文】

"你孔丘所说的，全都是我想要废弃的，你赶快离开这里滚回去，不要再说了！你的那套主张，颠狂失性钻营奔逐，全都是巧诈、虚伪的东西，不可能用来保全真性，有什么好谈论的呢！"

【本经】

孔子再拜趋走，出门上车，执辔三失，目芒然无见，色若死灰，据轼低头，不能出气。归到鲁东门外，适遇柳下季。柳下季曰："今者阙然数日不见，车马有行色，得微往见跖邪？"孔子仰天而叹曰：

"然。"柳下季曰:"跖得无逆汝意若前乎?"孔子曰:"然。丘所谓无病而自灸也,疾走料虎头、编虎须,几不免虎口哉!"

【译文】

孔子一再拜谢快步离去,走出帐门登上车子,三次失落拿在手里的缰绳,眼光失神模糊不清,脸色犹如死灰,低垂着头靠在车前的横木上,颓丧地不能大口喘气。回到鲁国东门外,正巧遇上了柳下季。柳下季说:"近来多日不见,心里很不踏实,看看你的车马好像外出过的样子,恐怕是前去见到盗跖了吧?"孔子仰天长叹道:"是的。"柳下季说:"盗跖莫不是像先前我所说的那样违背了你的心意吧?"孔子说:"正是这样。我这样做真叫作没有生病而自行扎针一样,自找苦吃,急急忙忙地跑去撩拨虎头、编理虎须,几乎不免被虎口吞掉啊!"

(春秋)鲁侯鼎

【本经】

子张问于满苟得曰:"盍不为行?无行则不信,不信则不任,不任则不利。故观之名,计之利,而义真是也。若弃名利,反之于心,则夫士之为行,不可一日不为乎!"满苟得曰:"无耻者富,多信者显。夫名利之大者,几在无耻而信。故观之名,计之利,而信真是也。若弃名利,反之于心,则夫士之为行,抱其天乎!"

【译文】

子张向满苟得问道:"怎么不推行合于仁义的德行呢?没有德行就不能取得别人的信赖,不能取得别人的信赖就不会得到任用,不能得到任用就不会得到利益。所以,从名誉的角度来观察,从利禄的角度来考虑,能够实行仁义就真是这样的。假如弃置名利,只在内心求得反思,那么士大夫的所作所为,也不可能一天不讲仁义啊!"满苟得说:"没有羞耻的人才会富有,善于吹捧的人才会显贵。大凡获得名利最大的,几乎全在于无耻而多言。所以,从名誉的角度来观察,从利禄的角度来考虑,能够吹捧就真是这样的。假如弃置名利,只在内心求得反思,那么士大夫的所作所为,也就只有保持他的天性了啊!"

【本经】

子张曰:"昔者桀纣贵为天子,富有天下,今谓臧聚曰,汝行如桀纣,则有怍色,有不服之心者,小人所贱也。仲尼、墨翟穷为匹夫,今谓宰相曰,子行如仲尼、墨翟,则变容易色称不足者,士诚贵也。故势为天子,未必贵也;穷为匹夫,未必贱也;贵贱之分,在行之恶美。"

【译文】

子张说:"当年桀与纣贵为天子,富有到占有天下,如今对地位卑贱的奴仆说,你的品行如同桀纣,那么他们定会惭愧不已,产生不服气的思想,这是因为桀纣的所作所为连地位卑贱的人也瞧不起。仲尼和墨翟穷困到跟普通百姓一样,如今对官居宰相地位的人说,你的品行如同仲尼和墨翟,那么他一定会除去傲气谦恭地说自己远远比不上,这是因为士大夫确实有可贵的品行。所以说，势大为天子，未必就尊贵；穷困为普通百姓，未必就卑贱；尊贵与卑贱的区别，决定了德行的美丑。"

【本经】

满苟得曰："小盗者拘，大盗者为诸侯，诸侯之门，义士存焉。昔者桓公小白杀兄入嫂而管仲为臣，田成子常杀君窃国而孔子受币。论则贱之，行则下之，则是言行之情悖战于胸中也，不亦拂乎！故书曰：孰恶孰美？成者为首，不成者为尾。"

【译文】

满苟得说："小的盗贼被拘捕，大的强盗却成了诸侯，诸侯的门内，方才存有道义之士。当年齐桓公小白杀了兄长、娶了嫂嫂而管仲却做了他的臣子，田成子常杀了齐简公自立为国君而孔子却接受了他赠予的布帛。谈论起来总认为桓公、田常之流的行为卑下，做起来又总是使自己的行为更加卑下，这就是说言语和行动的实情在胸中相互矛盾和斗争，岂不是情理上极不相合吗！所以古书上说过：谁坏谁好？成功的居于尊上之位，失败的沦为卑下之人。"

【本经】

子张曰："子不为行，即将疏戚无伦，贵贱无义，长幼无序；五纪六位，将何以为别乎？"满苟得曰："尧杀长子，舜流母弟，疏戚有伦乎？汤放桀，武王杀纣，贵贱有义乎？王季为适，周公杀兄，长幼有序乎？儒者伪辞，墨者兼爱，五纪六位将有别乎？

【译文】

子张说:"你不推行合于仁义的德行,就必将在疏远与亲近之间失去人伦关系,在尊贵与卑贱之间失去规范和准则,在长上与幼小之间失去先后序列;这样一来五伦和六位,又拿什么加以区别呢?"满苟得说:"尧杀了亲生的长子,舜流放了同母的兄弟,亲疏之间还有伦常可言吗?商汤逐放夏桀,武王杀死商纣,贵贱之间还有准则可言吗?王季被立为嫡子,周公杀了两个哥哥,长幼之间还有序列可言吗?儒家伪善的言辞,墨家兼爱的主张,'五纪'和'六位'的序列关系还能有区别吗?

【本经】

"且子正为名,我正为利。名利之实,不顺于理,不监于道。吾日与子讼于无约曰:'小人殉财,君子殉名。其所以变其情、易其性,则异矣;乃至于弃其所为而殉其所不为,则一也。'故曰,无为小人,反殉而天;无为君子,从天之理。若枉若直,相而天极;面观四方,与时消息。若是若非,执而圆机;独成而意,与道徘徊。无转而行,无成而义,将失而所为。无赴而富,无殉而成,将弃而天。比干剖心,子胥抉眼,忠之祸也;直躬证父,尾生溺死,信之患也;鲍子立干,申子不自理,廉之

河南淇县的比干摘心台

害也；孔子不见母，匡子不见父，义之失也。此上世之所传，下世之所语，以为士者正其言，必其行，故服其殃，离其患也。"

【译文】

"而且你心里所想的正在于名，我心里所想的正为了利。名与利的实情，不合于理，也不明于道。我往日跟你在无约面前争论不休：'小人为财而死，君子为名献身。然而他们变换真情、更改本性的原因，却没有不同；而竟至舍弃该做的事而不惜生命地追逐不该寻求的东西，那是同一样的。'所以说，不要做小人，反过来追寻自己的天性；不要做君子，而顺从自然的规律。或曲或直，顺其自然；观察四方，跟随四时变化而消长。或是或非，牢牢掌握循环变化的中枢；独自完成你的心意，跟随大道往返进退。不要执着于你的德行，不要成就于你所说的规范；那会丧失你的禀性。不要为了富有而奔波，不要为了成功而献身，那将会舍弃自然的真性。比干被剖心，子胥被挖眼，这是忠的祸害；直躬出证父亲偷羊，尾生被水淹死，这是信的祸患；鲍焦抱树而立、干枯而死，申生宁可自缢也不申辩，这是廉的毒害；孔子不能为母送终，匡子发誓不见父亲，这是义的过失。这些现象都是上世传闻，当代话题，总认为士大夫必会让自己的言论正直，让自己的行动跟着去做，所以深受灾殃，遭逢如此的祸患。"

【本经】

无足问于知和曰："人卒未有不兴名就利者。彼富则人归之，归则下之，下则贵之。夫见下贵者，所以长生安体乐意之道也。今子独无意焉，知不足邪？意知而力不能行邪？故推正不忘邪？"

【译文】

无足向知和问道："人们终究没有谁不想树立名声并获取利禄的。那个人富有了人们就归附他，归附他也就自以为卑下，以自己为卑下就更会尊崇富有者。受到卑下者的尊崇，就是人们用来延长寿命、安康体质、快乐心意的办法。如今唯独你在这方面没有欲念，是才智不够用呢？还是有了念头而力量不能达到呢？抑或推行正道而一心不忘呢？"

【本经】

知和曰："今夫此人以为与己同时而生，同乡而处者，以为夫绝俗过世之士焉；是专无主正，所以览古今之时，是非之分也，与俗化世。去至重，弃至尊，以为其所为也；此其所以论长生安体乐意之道，不亦远乎！惨怛之疾，恬愉之安，不监于体；怵惕之恐，欣欢之喜，不监于心。知为为而不知所以为，是以贵为天子，富有天下，而不免于患也。"

【译文】

知和说："如今有这么一个兴名就利的人，就认为跟自己是同时生、同乡处，而且认为是超越了世俗的人了；其实这样的人内心里全无主心，用这样的办法去看待古往今来和是非的不同，只能是混同流俗而融合于世事。舍弃了贵重的生命，离开了最崇高的大道，而追求他一心想要追求的东西；这就是他们所说的延长寿命、安康体质、快乐心意的办法，不是跟事理相去太远吗！悲伤所造成的痛苦，愉快所带来的安适，对身体的影响自己不能看清；惊慌所造成的恐惧，欢欣所留下的喜悦，对于心灵的影响自己也不可能看清。知道一心去做自己想要去做的事却不知道为什么要这样去做，所以尊贵如同天子，富裕到占有天下，却始终不能免于忧患。"

【本经】

无足曰："夫富之于人，无所不利，穷美究势，至人之所不得逮，贤人之所不能及，侠人之勇力而以为威强，秉人之知谋以为明察，因人之德以为贤良，非享国而严若君父。且夫声色滋味权势之于人，心不待学而乐之，体不待象而安之。夫欲恶避就，固不待师，此人之性也。天下虽非我，孰能辞之！"

【译文】

无足说："富贵对人们来说，没有什么不利的，享尽天下美好并拥有天下最大权势，这是道德极高尚的人所不能得到的，也是贤达的人所不能赶上的；挟持他人的勇力用以显示自己的威强，把握他人的智谋用以表露自己的明察，凭借他人的德行用以赢得贤良的声誉，虽然没有享受过国家权力所带来的好处却也像君父一样威严。至于说到乐声、美色、滋味、权势对于每一个人，心里不等到学会就自然喜欢，身体不需要模仿早已习惯。欲念、厌恶、回避、俯就，本来就不需要师传，这是人的禀性。天下人即使都认为我的看法不对，谁又能摆脱这一切呢？"

【本经】

知和曰:"知者之为,故动以百姓,不违其度,是以足而不争,无以为故不求。不足故求之,争四处而不自以为贪;有余故辞之,弃天下而不自以为廉。廉贪之实,非以迫外也,反监之度。势为天子而不以贵骄人,富有天下而不以财戏人。计其患,虑其反,以为害于性,故辞而不受也,非以要名誉也。尧舜为帝而雍,非仁天下也,不以美害生也;善卷许由得帝而不受,非虚辞让也,不以事害己。此皆就其利,辞其害,而天下称贤焉,则可以有之,彼非以兴名誉也。"

【译文】

知和说:"睿智的人的做法,总是依从百姓的心思而行动,不去违反民众的意愿,所以,知足就不会争斗,无所作为因而也就无有所求。不能知足所以贪求不已,争夺四方财物却不自认为是贪婪;心知有余所以处处辞让,舍弃天下却不自认为清廉。廉洁与贪婪的实情,并不是因为迫于外力,应该转回头来察看一下各自的禀赋。身处天子之位却不用显贵傲视他人,富裕到拥有天下却不用财富戏弄他人。想一想它的后患,再考虑考虑事情的反面,认为有害于自然的本性,所以拒绝而不接受,并不是要用它来求取名声与荣耀。尧与舜做帝王天下和睦团结,并非行仁政于天下,而是不想因为追求美好而损害生命;善卷与许由能够得到帝王之位却辞让不受,也不是虚情假意的谢绝禅让,而是不想因为治理天下危害自己的生命。这些人都能趋就其利,辞避其害,因而人们称誉他们是贤明的人,可见贤明的称誉也是可以获取的,不过他们的本心并非建树个人的名誉。"

【本经】

无足曰:"必持其名,苦体、绝甘、约养以持生,则亦久病长阨而不死者也。"

知和曰:"平为福,有余为害者,物莫不然,而财其甚者也。今富人,耳营钟鼓管籥之声,口嗛于刍豢醪醴之味,以感其意,遗忘其业,可谓乱矣;侅溺于冯气,若负重行而上阪,可谓苦矣;贪财而取慰,贪权而取竭,静居则溺,体泽而冯,可谓疾矣;为欲富就利,故满若堵耳而不知避,且冯而不舍,可谓辱矣;财积而无用,服膺而不舍,满心戚醮,求益而不止,可谓忧矣;内则疑劫请之贼,外则畏寇盗之害,内周楼疏,外不敢独行,可谓畏矣。

【译文】

无足说:"必定要保持自己的名声,即使劳苦身形、谢绝美食、俭省给养以维持生命,那么这一定是个长期疾病困乏而没有死去的人。"

知和说:"均平就是幸福,有余便是祸害,物类莫不是这样,而财物更为突出。如今富有的人,耳朵谋求钟鼓、箫笛的乐声,嘴巴满足于肉食、佳酿的美味,因而触发了他的欲念,遗忘了他的事业,真可说是迷乱极了;深深地陷入了愤懑的盛气之中,像背着重荷爬行在山坡上,真可说是痛苦极了;贪求财物而招惹怨恨,贪求权势而耗尽心力,安静闲居就沉溺于嗜欲,体态丰腴光泽就盛气凌人,真可说是发病了;为了贪图富有追求私利,获取的财物堆得像齐耳的高墙也不知满足,而且越是贪婪就越发不知收敛,真可说是羞辱极了;财物囤积却没有用处,念念不忘却又不愿割舍,满腹的焦心与烦恼,企求增益永无休止,真可说是忧愁极了;在家内总担忧窃贼的伤害,在外面总害怕寇盗的残杀,在内遍设防盗的塔楼和射箭的孔道,在外不敢独自行走,真可说是畏惧极了。

【本经】

"此六者,天下之至害也,皆遗忘而不知察,及其患至,求尽性竭财,单以反一日之无故而不可得也。故观之名则不见,求之利则不得,缭意体而争此,不亦惑乎!"

【译文】

"以上的六种情况,是天下最大的祸害,全都遗忘不求审察,等到祸患来临,想要倾家荡产保全性命,只求返归贫穷求得一日的安宁也不可能。所以,从名声的角度来观察却看不见,从利益的角度来探求却得不到,使心意和身体受到如此困扰地竭力争夺名利,岂不迷乱吗!"

渔父

题解

"渔父"为一捕鱼的老人,这里用作篇名。篇文通过"渔父"对孔子的批评,指斥儒家的思想,并借此阐述了"持守其真"、还归自然的主张。

全文写了孔子见到渔父以及和渔父对话的全过程。首先是渔父跟孔子的弟子子路、子贡谈话,批评孔子"性服忠信、身形仁义""饰礼乐、选人伦",都是"苦心劳形以危其真"。接着写孔子见到渔父,受到渔父的直接批评,指出他不在其位而谋其政,乃是"八疵""四患"的行为;应该各安其位,才是最好的治理。

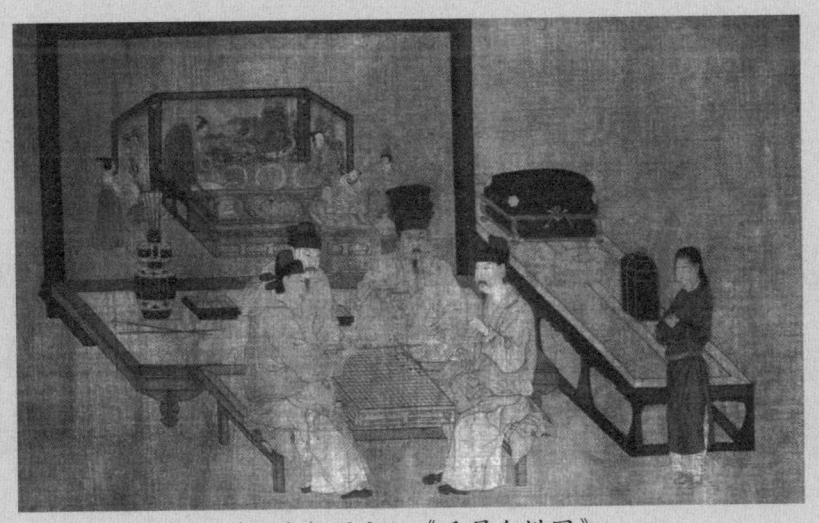

(五代)周文矩《重屏会棋图》

接下去又进一步写渔父向孔子提出"真";所谓真,就是"受于天",主张"法天""贵真""不拘于俗"。最后写孔子对渔父的谦恭和崇敬的心情。

本篇历来也多有指责,认为是伪作,但本篇的思想跟庄子一贯的主张还是有相通之处,对儒家的指责不如《胠箧》《盗跖》那么直接、激烈,守真和受于天的思想也与内篇的观点相一致,而且渔父本身就是一隐道者的形象,因而仍应看作是庄派学说的后学之作。

【本经】..

孔子游于缁帷之林，休坐乎杏坛之上。弟子读书，孔子弦歌鼓琴。奏曲未半，有渔父者，下船而来，须眉交白，被发揄袂，行原以上，距陆而止，左手据膝，右手持颐以听。曲终而招子贡子路，二人俱对。

【译文】..

孔子游观来到名叫缁帷的树林，坐在长有许多杏树的土坛上休息。弟子们在一旁读书，孔子在弹琴吟唱。曲子还未奏完一半，有个捕鱼的老人下船而来，胡须和眉毛全都白了，披着头发扬起衣袖，沿着河岸而上，来到一处高而平的地方便停下脚步，左手抱着膝盖，右手托起下巴听孔子弹琴吟唱。曲子终了渔父打手势召唤子贡、子路，两个人一起走了过来。

【本经】..

客指孔子曰："彼何为者也？"子路对曰："鲁之君子也。"客问其族。子路对曰："族孔氏。"客曰："孔氏者何治也？"子路未应，子贡对曰："孔氏者，性服忠信；身行仁义，饰礼乐，选人伦，上以忠于世主，下以化于齐民，将以利天下。此孔氏之所治也。"又问曰："有土之君与？"子贡曰："非也。""侯王之佐与？"子贡曰："非也。"客乃笑而还，行

（元）吴镇《渔父图》

言曰："仁则仁矣，恐不免其身；苦心劳形以危其真。呜呼，远哉其分于道也！"

【译文】

渔父指着孔子说："他是干什么的？"子路回答说："他是鲁国的君子。"渔父问孔子的姓氏。子路回答："姓孔。"渔父说："孔氏钻研并精通什么学问？"子路还未作答，子贡说："孔氏这个人，心性敬奉忠信，亲身实践仁义，修治礼乐规范，排定人伦关系，对上来说竭尽忠心于国君，对下而言施行教化于百姓，打算用这样的办法造福于天下。这就是孔氏钻研精习的事业。"渔父又问道："孔氏是拥有国土的君主吗？"子贡说："不是。"渔父接着问道："是王侯的辅臣吗？"子贡说："也不是。"渔父于是笑着背转身去，边走边说道："孔氏讲仁真可说是仁了，不过恐怕其自身终究不能免于祸患；真是折磨心性劳累身形而危害了他自己的自然本性。唉，他离大道也实在是太远太远了！"

【本经】

子贡还，报孔子。孔子推琴而起曰："其圣人与！"乃下求之，至于泽畔，方将杖拏而引其船，顾见孔子，还乡而立。孔子反走，再拜而进。

【译文】

子贡回来，把跟渔父的谈话报告给孔子。孔子推开身边的琴站起身来说:"恐怕是位圣人吧!"于是走下杏坛寻找渔父,来到湖泽岸边,渔父正操起船桨撑船而去,回头看见孔子,转过身来面对孔子站着。孔子连连后退,再次行礼上前。

【本经】

客曰:"子将何求?"孔子曰:"曩者先生有绪言而去,丘不肖,未知所谓,窃待于下风,幸闻咳唾之音以卒相丘也!"客曰:"嘻!甚矣子之好学也!"孔子再拜而起曰:"丘少而修学,以至于今,六十九岁矣,无所得闻至教,敢不虚心!"

【译文】

渔父说:"你来找我有什么事?"孔子说:"刚才先生留下话尾而去,我实在是不聪明,不能领受其中的意思,私下在这里等候先生,希望能有幸听到你的谈吐以便最终有助于我!"渔父说:"咦,你实在是好学啊!"孔子又一次行礼后站起身说:"我少小时就努力学习,直到今天,已经六十九岁了,没有能够听到过真理的教诲,怎么敢不虚心请教!"

【本经】

客曰:"同类相从,同声相应,固天之理也。吾请释吾之所有而经子之所以。子之所以者,人事也。天子诸侯大夫庶人,此四者自正,治之美也,四者离位而乱莫大焉。官治其职,人忧其事,乃无所陵。

【译文】

渔父说:"同类相互汇聚,同声相互应和,这本是自然的道理。请让我说明我的看法从而分析你所从事的活动。你所从事的活动,也就是跻身于尘俗的事务。天子、诸侯、大夫、庶民,这四种人能够各自摆正自己的位置,也就是社会治理的美好境界,四者倘若偏离了自己的位置,社会动乱也就没有比这再大的了。官吏处理好各自的职权,人民安排好各自的事情,这就不会出现混乱和侵扰。

【本经】

故田荒室露,衣食不足,征赋不属,妻妾不和,长少无序,庶人之忧也;能不胜任,官事不治,行不清白,群下荒怠,功美不有,爵禄不持,大夫之忧也;廷无忠臣,国家昏乱,工技不巧,贡职不美,春秋后伦,不顺天子,诸侯之忧也;阴阳不和,寒暑不时,以伤庶物,诸侯暴乱,擅相攘伐,以残民人,礼乐不节,财用穷匮,人伦不饬,百姓淫乱,天子有司之忧也。今子既上无君侯有司之势而下无大臣职事之官,而擅饰礼乐,选人伦,以化齐民,不泰多事乎!"

【译文】

所以,田地荒芜,居室破陋,衣服和食物不充足,赋税不能按时缴纳,妻子侍妾不能和睦,老少失去尊卑的序列,这是普通百姓的忧虑。能力不能胜任职守,本职工作不能办好,行为不清白,属下玩忽怠惰,功业和美名全不具备,爵位和俸禄不能保持,这是大夫的忧虑。朝廷上没有忠臣,都城的采邑混乱,工艺技术不精巧,敬献的贡品不好,朝觐时落在后面而失去伦次，不能顺天子之意，这是诸侯的忧虑。阴阳不和谐，寒暑变化不合时令，以致伤害万物的生长，诸侯暴乱，随意侵扰征战以致残害百姓，礼乐不合节度，财物穷尽匮乏，人伦关系未能整顿，百姓淫乱，这是天子和主管大臣的忧虑。如今你上无君侯主管的地位而下无大臣经办的官职，却擅自修治礼乐，排定人伦关系，从而教化百姓，不是太多事了吗！

【本经】

"且人有八疵，事有四患，不可不察也。非其事而事之，谓之摠；莫之顾而进之，谓之佞；希意道言，谓之谄；不择是非而言，谓之谀；好言人之恶，谓之谗；析交离亲，谓之贼；称誉诈伪以败恶人，谓之慝；不择善否，两容颊适，偷拔其所欲，谓之险。此八疵者，外以乱人，内以伤身，君子不友，明君不臣。所谓四患者，好经大事，变更易常，以挂功名，谓之叨；专知擅事，侵人自用，谓之贪；见过不更，闻谏愈甚，谓之很；人同于己则可，不同于己，虽善不善，谓之矜。此四患也。能去八疵，无行四患，而始可教已。"

【译文】

"而且人有八种毛病，事有四种祸患，不可不清醒明察。不是自己职分以内的事也兜着去做，叫作揽；没人理会也说个没完，叫作佞；迎合对方顺引话意，叫作谄；不辨是非巴结奉承，叫作谀；喜欢背地说人坏话，叫作谗；离间故交挑拨亲友，叫作害；称誉伪诈败坏他人，叫作慝；不分善恶美丑，好坏兼容而脸色随应相适，暗暗攫取合于己意的东西，叫作险。有这八种毛病的人，外能迷乱他人，内则伤害自身，因而有道德修养的人不和他们交往，圣明的君主不以他们为臣。所谓四患，喜欢管理国家大事，随意变更常规常态，用以钓取功名，称作贪得无厌；自恃聪明专行独断，侵害他人刚愎自用，称作利欲熏心；知过不改，听到劝说却越错越多，称作犟头犟脑；跟自己相同就认可，跟自己不同即使是好的也认为不好，称作自负矜夸。这就是四种祸患。能够清除八种毛病，不再推行四种祸患，方才可以教育。"

【本经】

孔子愀然而叹，再拜而起曰："丘再逐于鲁，削迹于卫，伐树于宋，围于陈蔡。丘不知所失，而离此四谤者何也？"客凄然变容曰："甚矣子之难悟也！人有畏影恶迹而去之走者，举足愈数而迹愈多，走愈疾而影不离身，自以为尚迟。疾走不休，绝力而死。不知处阴以休影，处静以息迹，愚亦甚矣！子审仁义之间，察同异之际，观动静之变，适受与之度，理好恶之情，和喜怒之节，而几于不免矣。谨修而身，谨守其真，还以物与人，则无所累矣。今不修之身而求之人，不亦外乎！"

【译文】

孔子凄凉悲伤地长声叹息，再次行礼后站起身来，说："我在鲁国两次受到冷遇，在卫国被铲削掉所有的足迹，在宋国遭受砍掉坐荫之树的羞辱，又被久久围困在陈国、蔡国之间。我不知道我有什么过失，遭到这样四次诋毁的原因究竟是什么呢？"渔父悲悯地改变面容说："你实在是难于醒悟啊！有人害怕自己的身影、厌恶自己的足迹，想要避离而逃跑开去，举步越频繁足迹就越多，跑得越来越快而影子却总不离身，自以为还跑得慢，于是快速奔跑而不休止，终于用尽力气而死去。不懂得停留在阴暗处就会使影子自然消失，停留在静止状态就会使足迹不复存在，这也实在是太愚蠢了！你仔细推究仁义的道理，考察事物同异的区别，观察动静的变化，掌握取舍的分寸，疏通好恶的情感，调谐喜怒的节度，却几乎不能免于灾祸。认真修养你的身心，谨慎地保持你的真性，把身外之物还与他人，那么也就没有什么拘系和累赘了。如今你不修养自身反而要求他人，这不是本末颠倒了吗？"

【本经】

孔子愀然曰："请问何谓真？"客曰："真者，精诚之至也。不精不诚，不能动人。故强哭者虽悲不哀，强怒者虽严不威，强亲者虽笑不和。真悲无声而哀，真怒未发而威，真亲未笑而和。真在内者，神动于外，是所以贵真也。

【译文】

孔子凄凉悲伤地说："请问什么叫作真？"渔父回答："所谓真，就是精诚的极点。不精不诚，不能感动人。所以，勉强啼哭的人

周公辅成王

虽然外表悲痛其实并不哀伤，勉强发怒的人虽然外表严厉其实并不威严，勉强亲热的人虽然笑容满面其实并不和善。真正的悲痛没有哭声而哀伤，真正的怒气未曾发作而威严，真正的亲热未曾含笑而和善。自然的真性存在于内心，神情的表露流于外在，这就是看重真情本性的原因。

【本经】

"其用于人理也，事亲则慈孝，事君则忠贞，饮酒则欢乐，处丧则悲哀。忠贞以功为主，饮酒以乐为主，处丧以哀为主，事亲以适为主。功成之美，无一其迹矣。事亲以适，不论所以矣；饮酒以乐，不选其具矣；处丧以哀，无问其礼矣。礼者，世俗之所为也；真者，所以受于天也，自然不可易也。故圣人法天贵真，不拘于俗。愚者反此。不能法天而恤于人，不知贵真，禄禄而受变于俗，故不足。惜哉，子之蚤湛于人伪而晚闻大道也！"

【译文】

"将上述道理用于人伦关系，侍奉双亲就会慈善孝顺，辅助国君就会忠贞不渝，饮酒就会舒心乐意，居丧就会悲痛哀伤。忠贞以建功为主旨，饮酒以欢乐为主旨，居丧以致哀为主旨，侍奉双亲以适意为主旨。功业与成就目的在于达到圆满美好，因而不必拘于一个轨迹；侍奉双亲目的在于达到适意，因而不必考虑使用什么方法；饮酒目的在于达到欢乐，没有必要选用就餐的器具；居丧目的在于致以哀伤，不必过问规范礼仪。礼仪，是世俗人的行为；纯真，却是禀受于自然，出自自然因而也就不可改变。所以圣哲的人总是效法自然看重本真，不受世俗的拘系。愚昧的人则刚好与此相反。不能效法自然而忧虑世人，不知道珍惜真情本性，庸庸碌碌地在流俗中承受着变化，因此总是不知满足。可惜啊，你过早地沉溺于世俗的伪诈而很晚才听闻大道。"

【本经】

孔子又再拜而起曰："今者丘得遇也，若天幸然。先生不羞而比之服役，而身教之。敢问舍所在，请因受业而卒学大道。"客曰："吾闻之，可与往者与之，至于妙道；不可与往者，不知其道，慎勿与之，身乃无咎。子勉之！吾去子矣，吾去子矣！"乃刺船而去，延缘苇间。

（清）龚贤《秋江渔舍图》

【译文】

孔子又一次深深行礼后站起身来，说："如今我孔丘有幸能遇上先生，好像苍天特别宠幸于我似的。先生不以此为羞辱并把我当作弟子一样看待，而且还亲自教导我。我冒昧地打听先生的住处，请求借此受业于门下而最终学完大道。"渔父说："我听说，可以迷途知返的人就与之交往，直至领悟玄妙的大道；不能迷途知返的人，不会真正懂得大道，谨慎小心地不要与他们结交，自身也就不会招来祸殃。你自己勉励吧！我得离开你了！我得离开你了！"于是撑船离开孔子，缓缓地顺着芦苇丛中的水道划船而去。

【本经】

颜渊还车，子路授绥，孔子不顾，待水波定，不闻拏音而后敢乘。

子路旁车而问曰："由得为役久矣，未尝见夫子遇人如此其威也。万乘之主，千乘之君，见夫子未尝不分庭伉礼，夫子犹有倨傲之容。今渔父杖拏逆立，而夫子曲要磬折，言拜而应，得无太甚乎？门人皆怪夫子矣，渔人何以得此乎？"孔子伏轼而叹曰："甚矣由之难化也！湛于礼仪有间矣，而朴鄙之心至今未去。进，吾语汝！夫遇长不敬，失礼也；见贤不尊，不仁也。彼非至人，不能下人，下人不精，不得其真，故长伤身。惜哉！不仁之于人也，祸莫大焉，而由独擅之。且道者，万物之所由也，庶物失之者死，得之者生，为事逆之则败，顺之则成。故道之所在，圣人尊之。今渔父之于道，可谓有矣，吾敢不敬乎！"

（明）沈士充《寒塘渔艇图》

【译文】

　　颜渊掉转车头，子路递过拉着上车的绳索，孔子看定渔父离去的方向头也不回，直到水波平定，听不见桨声方才登上车子。

　　子路依傍着车子而问道："我能够为先生服务已经很久了，不曾看见先生对人如此谦恭尊敬。大国的诸侯，小国的国君，见到先生历来都是平等相待，先生还免不了流露出傲慢的神情。如今渔父手拿船桨对面而站，先生却像石磬一样弯腰鞠躬，听了渔父的话一再行礼后再作回答，恐怕是太过分了吧？弟子们都认为先生的态度不同于往常，一个捕鱼的人怎么能够获得如此厚爱呢？"孔子的伏身在车前的横木上叹息说："你实在是难于教化啊！你沉湎于礼义已经有些时日了，可是粗野卑下的心态时至今日也未能除去。上前来，我对你说！大凡遇到长辈而不恭敬，就是失礼；见到贤人而不尊重，就是不仁。他倘若不是一个道德修养臻于完善的人，也就不能使人自感谦卑低下，对人谦恭卑下却不至精至诚，定然不能保持本真，所以久久伤害身体。真是可惜啊！不能见贤思齐对于人们来说，祸害再没有比这更大的了，而你子路却偏偏就有这一毛病。况且大道，是万物产生的根源，各种物类失去了道就会死亡，获得了道便会成功。所以大道之所在，圣人就尊崇。如今渔父对于大道，可以说是已有体悟，我怎么能不尊敬他呢？"

图文资讯 拓展书籍内容，开阔阅读视野。

拓展视频 观看在线视频，激发阅读兴趣。

趣味测评 测评阅读习惯，获取阅读建议。

阅读分享 分享阅读心得，碰撞思维火花。

扫码进入 **线上阅读空间**

ONLINE READING SPACE

让知识照耀人生